珍藏本·增订本

纪念版

汉译世界学术名著丛书

# 社会正义下的宪法

〔意〕安东尼奥·罗斯米尼　著

韦洪发　译

Antonio Rosmini

# LA CONSTITUZIONE SECONDO LA GIUSTIZIA SOCIALE

# 汉译世界学术名著丛书
# （120 年纪念版·珍藏本）
# 增订本出版说明

2017 年 10 月，为纪念商务印书馆创立 120 周年，本馆推出“汉译世界学术名著丛书”（120 年纪念版·珍藏本），计七百种。近五六年来，仰赖学界同人倾力支持，订正旧译，增补新译，拓展新著，积累日多。为满足读者需要，本馆在七百种的基础上，继续推出“汉译世界学术名著丛书”（120 年纪念版·珍藏本·增订本）三百种。至此，“汉译世界学术名著丛书”累计出版已达千种。

今后，本馆将继续推进丛书的翻译出版工作，在积累单本名著的基础上陆续分辑刊行，汇印出版。为促进中外文明互鉴、推动我国学术发展，使“汉译世界学术名著丛书”这项对我国学术文化有基本建设意义的重大工程发挥更大作用，诚望海内外学术界、翻译界继续给予支持，帮助我们把这套丛书出得更好。

商务印书馆编辑部

2024 年 2 月

# 汉译世界学术名著丛书
## （120 年纪念版·珍藏本）
## 出 版 说 明

2017 年 2 月 11 日，商务印书馆迎来 120 岁的生日。120 年前，商务印书馆前贤怀揣文化救国的理想，抱持“昌明教育，开启民智”的使命，立足本土，放眼寰宇，以出版为津梁，沟通中西，为中国、为世界提供最富智慧的思想文化成果。无论世事白云苍狗，潮流左右激荡，甚至战火硝烟弥漫，始终践行学术报国之志，无改初心。

逐译世界各国学术名著，即其一端。早在 20 世纪初年便出版《原富》《天演论》等影响至今的代表性著作，1950 年代后更致力于外国哲学和社会科学经典的译介，及至 1980 年代，辑为“汉译世界学术名著丛书”，汇涓为流，蔚为大观。丛书自 1981 年开始出版，历时三十余年，迄今已推出七百种，是我国现代出版史上规模最大、最为重要的学术翻译工程。

丛书所选之书，立场观点不囿于一派，学科领域不限于一门，皆为文明开启以来，各时代、各国家、各民族的思想与文化精粹，代表着人类已经到达过的精神境界。丛书系统译介世界学术经典，引领时代思想，为本土原创学术的发展提供丰富的文化滋养，为推动中国现代学术和现代化进程做出了突出的贡献。

为纪念商务印书馆成立120周年，我们整体推出“汉译世界学术名著丛书”120年纪念版的珍藏本，寄望既利于文化积累，又便于研读查考，同时向长期支持丛书出版的译者、编者和读者致以敬意。

两甲子后的今天，商务印书馆又站在了一个新的历史时间节点上。我们不仅要铭记先辈的身影和足迹，更须让我们的步伐充满新的时代精神。这是商务人代代相传的事业，更是与国家和民族的命运始终紧密相连的事业。我们责无旁贷，必须做好我们这代人的传承与创造，让我们的努力和成果不仅凝聚成民族文化的记忆，还能成为后来人可以接续的事业。唯此，才能不负前贤，无愧来者。

商务印书馆编辑部

2017年10月

# 目　　录

# 第1章　论法国式宪法

政治宪法分两种:一种是逐章确立,没有预先设定的规划,在社会力量、大众直觉及需求的催逼下,其内容不断修修补补;另一种则是整体创立,如密涅瓦诞生于朱庇特的头颅一般,是作为头脑思考产物的整全理论。前者先行生效,而后成文;后者则先行成文,而后生效。

1789年前的宪法多属于前者:威尼斯共和国宪法如此,英国宪法亦如此。大革命时期的法国,对过去愤愤不平,置所有过往历史于不顾,大笔一挥,写就一部宪法,并命令举国遵行。事实上,该宪法以英国宪法为模板,但英国宪法是诸多宪政事件累积的结果,而该宪法则源于苦思冥想。

使事实服从理性,使实践服从理论,这一意愿确实宽厚仁慈,因为一个真实完整的理论最为神圣。这样的理论永恒神圣,凡人俗务必须服从,因为这是智人本性和人之尊严的要求。

但真实完整的理论很难找到,并且一种政治理论之真理性及完美性的证明依赖作为结果的事实,即依赖该理论所主张或必须主张的结果,而该结果是持久的、公正的,并能让一国之公民满意地共存。接下来我们将诉诸事实来判断1789年以降欧洲人的所作所为是否确证了相关宪法的良善,这些宪法都是在此后于各国适用，并且质言之它们同宗同源，皆以相同的原则为基础。

自第一次宪法实验以来，近六十年光阴已逝。这六十年告诉了我们什么？它又向我们证明了什么呢？它只证明了一件事：人们所尝试的这些宪法，它们脆弱且短命。看起来甚至没有一部宪法能注定光荣地历时数个世纪，没有一部能经受数十年的考验，甚至没有一部能持续哪怕一代人的时间。那些没有像暴病而亡的鸟兽一样消亡的宪法，也都随着时间的流逝而面目全非。最终，除了为其他同类短命宪法播撒火种外，它们已了无痕迹。法国宪法的历史摆在我们面前，我们因此确信：所有模仿法国宪法的国家都罹患了相同的政治顽疾，并经历了相同的苦痛历史。西班牙、比利时以及其他类似国家的宪法都毫无例外地在短短数年内多次被违反、改变或修改，这一点没人能够无视。①

① 1789 年至今，法国至少 11 次通过宪法改变或修改其政府形式。下述列表表明了其各版本宪法及其存续时间：

| | | |
|---|---|---|
| (1) | 1791 年 9 月 3 日宪法，存续至 1792 年 8 月 10 日，甚至不足一年 | 0 年 341 天 |
| (2) | 1793 年 6 月 24 日宪法，该宪法从未被执行 | 0 年 0 天 |
| (3) | 1795 年 8 月 22 日宪法，存续至 1799 年 11 月 10 日(雾月 18 日) | 4 年 80 天 |
| (4) | 1799 年 12 月 13 日宪法，直到 1802 年 8 月 4 日成立元老院咨询委员会后才完整存在 | 3 年235 天 |
| (5) | 1802 年 8 月 4 日元老院咨询委员会，存续至 1804 年 5 月 18 日 | 1 年 288 天 |
| (6) | 1804 年 5 月 18 日元老院咨询委员会直到 1814 年 4 月 3 日下令废黜拿破仑 | 9 年321 天 |
| (7) | 1814 年 4 月 6 日元老院发布宪法，从未被执行 | 0 年 0 天 |
| (8) | 1814 年 6 月 4 日宪章，存续至 1815 年 3 月 1 日 | 0 年 302 天 |
| (9) | 1815 年 4 月 22 日帝国宪法增订法案，存续至 1815 年 6 月 22 日 | 0 年 61 天 |
| (10) | 1814 年 6 月 4 日宪章复辟，存续至 1830 年 7 月“光荣三日” | 16 年 55 天 |
| (11) | 1830 年 8 月 9 日宪法，存续至 1848 年 2 月 22 日革命 | 17 年 197 天 |

尽管有这样的要命经历，但人们对成文政治宪法的信心从未减退。相反，他们怀着日益增长的激情和希望奔向它们，一个文明国家政府的组织形式如果不合乎宪政要求，该国就无法强盛并实现其自然和神圣的命运，这已然成为一种普遍的认知。

这一观点是本人严格表述的，对其内容我深信不疑，无可动摇。其原因我在一开始就已表明。人类智慧的一个需求就是期望事实服从理论。

但令我最为不解的是，人们的美好期望无数次落空，残酷的内部分歧让他们不安，但他们仍奋力进行政治生活的超级实验，却从没能够享有一个尽管法令变动不居但其本身稳定可靠的宪政政府，而他们也从未起疑，认为法国制度中隐藏着某种根本且深层的缺陷，而它是同类原则基础上确立之宪法终归短命的原因所在。我怀疑，政客们和学识渊博的思想家们没有认真研究这一问题，甚

因此，这11部宪法总共存续仅55年又55天，平均每部宪法存续5年零5天。

在1月份出版的一本名为《对我们身边之不同原因的简短说明》(*Alcune parole sopra diverse cause che passanno intorno a noi*)的著作中，我们能够找到1791年5月3日至1829年8月24日共计38年零3个月中欧洲各国的宪法列表。宪法总数达到152部，其中12部存续时间为零。换句话说，它们从未被执行。到该作品付梓之时，另有75部已被废除。到1829年还继续存在的另外65部，没有一部存续超过16年！

所有这些短命的宪法必定内在地包含某种自我侵蚀和毁灭的缺陷，这难道不够明显吗？法国大革命的抽象观念不足以建立一个持久的政府；相反，它们使得政府的生命如秋虫般短暂，这难道还不够明显吗？在意大利作为一个国家重获生命的庄严时刻，也要如此频繁且痛苦地复制这些实验并最终失败吗？意大利人不沉迷于法国的鼓噪、年轻的激情、信口雌黄般的承诺和记者们的高调，这难道不是既可欲又必要吗？意大利人以自己的良知和稳重研究社会问题，尝试修复因盲目模仿法国而产生的政府形式方面根深蒂固的缺陷，并以此为起点使国家立基于能够抵御已持续数个世纪之冲击的坚实基础之上，这难道不是既可欲又必要吗？

至没有发现各国新宪法确立伊始就携带着的恼人的死亡种子。这些宪法在给人们带来巨大的苦痛后,都被揭竿而起的大众给毁掉了。是的,大众和学问家都没有吸取法国大革命以来欧洲的遭遇带给他们的沉重且反复的教训。就像人们的创造力已然消亡一样,他们无所作为,专事模仿,而模仿对象不是来自深思熟虑的计划、安静的沉思或历时数世纪的深入研究,而是来自充满鲁莽大胆想象的即兴创作者,他们被过于空泛且不完美的理论冲昏了头脑。它似乎脱胎于这样一种哲学,它对过往无比厌倦,想要与之一刀两断,它愤愤不平地践踏着历史和传统,同时又对自身的个性和独立信心满满,我们所说的这些宪法脱胎于蛊惑人心的政客的激情、党派间的怒火,以及国内国际战争制造的恐惧和喧嚣。伴随着如此情形及如是动荡而来的宪法,难道不可能自其降生伊始就自带某种缺陷吗?但几乎所有欧洲国家都彬彬有礼地对其接受、复制和模仿。

意大利人!在你们政治重生的时刻,不要重蹈这一覆辙。在你们没有最先检视和讨论的领域,不要有先入之见,利用你们直率的判断和辉煌的智识,不要妄自菲薄并模仿异国。思想者不能不预见到,相似的原因会导致相类的结果。

# 第2章　宪法的缺陷

二十余年来，我一直确信，1789年以降，以法国为蓝本并扩张到不同国家的宪法中隐藏着一种温和却深沉的病患——这一病患在迅速蔓延。在政府和人民惨遭荼毒之后，它急需被改变。1827年，我曾在名为《市民社会的自然宪法》* 一书中尝试阐明这一观点。该书却无缘付梓，因为当时尽管我们的智慧之火尚未湮灭，但话语和思想传播则在查禁之列。

该研究一直隐忍前行，其价值也为一系列事件所确证，它向我表明，取法法国的政治宪法无法规避下述直接后果：

它们激发了所有公民在社会中攀升至更高位阶的无限野心。

在选举代表尤其是在共和国中选举总统时，它们为腐败大开方便之门。

它们滋生极端政党。

尽管代表数量已然相对过多，但它们仍偏重议院，致使国家时

---

* 这里，罗斯米尼指称的是他于1826至1827年间撰写的一本哲学著作，未及完成，他即前往多莫多索拉(Domodossola)并开始思考《理念起源新论》一文(成文于1828至1830年间)。但罗斯米尼又于1848年继续撰写该手稿。手稿最终未获完成，残篇由弗兰切斯科·保利(Francesco Paoli)于1887年在米兰出版，名为《市民社会的自然宪法》。另请参见安东尼奥·罗斯米尼：《政治哲学》(*Filosofia della politica*)(Milano: Rusconi, 1997), 665—696。——译者

刻面临革命危险。

尽管法律成熟完备，但它们不能充分保障公民自由。

它们不能保证财产分配，因为有代表支持小产业，也有代表支持大产业。

它们使宗教臣服于政治利益，剥夺教会自由，而后者是人民诸多自由中最可宝贵的。

这是所有现代宪法的事实性后果，直截了当，无可争辩。显然，这些后果还会带来其他恶果，它们散布不道德和反宗教，滋生公民异见和不和谐，使牧师和人民分离，并助长各种贪欲。有了这些混乱之源，不可能长期维系秩序与安宁。一旦时机来临，一个群体会起而攻击另一群体，并将宪法撕成碎片。所以，这种宪法注定短命。意大利对此需要三思而行，因为她需要统一、稳定与和平。

但是进行调查非常方便。我们需要找寻这些糟糕结果的最终原因，找到宪法条文的首要缺陷；表明它们怎样引发了一系列灾难性后果，最终导致宪法自身的毁灭，并且有时甚至引起国家分裂。

社会和政府有两个需求：正义和效用。如果政府的组织方式能真正给所有人带来正义，同时它能提升对所有人的效用，那么该政府堪称完美。

人的所有权利可以简化为两类：一类是自由权，自由、诚实地施展各种才能的权利；另一类是财产权。[①]

---

① 《法哲学》（*Filosofia del diritto*），“权利衍生的原则”（del principio della derivazione de'diritti），第2章，附录二至四；“衍生之权利”，第一部分（diritto derivato, Ⅰ），48—67。

因此,每种自由都必须被保护和保障,所有财产也必须同等保护和保障。此外,还应为所有财产提供法律保护以促进国家财富的增长。如果政府能够做到所有这些,它就为所有人带来了正义和效用,它就是完美的。

现代宪法在这两方面顾此失彼。它们不能实现所有人的正义,因为面对政治强权,少数派和个人没有司法救济。一旦正义被亵渎,他们没有可以求助的法院。立法权被认为万无一失,因此它被给予了无限权力。相反,少数派的正义可能被亵渎,甚至在法律形成过程中也是如此。有鉴于此,教会的自由和权利在所有现代宪法中甚至比在最为专制的政体中牺牲更多。

现代宪法既没有充分保障也没有恰当发展公民们的产业,而这些产业组合起来就是国家财富,因此需要政治和经济上的管理。在负责效用的政治权力之下,所有产业没有依公正的比例被代表。那些没有被代表的产业被人无视,并被获得代表且使立法为己所用的产业所征服。



因此,法国式宪法的两个根本缺陷是:第一,无法确保政治正义;第二,所有产业没有被平等关照。

# 第3章　法国式宪法两个根本缺陷的补救

为了补救这两个根本缺陷，我们需要诉诸两个补救措施以抗衡这些缺陷，它们见之于下述宪政工程中：

第一，旨在实现政治正义的法院制度。

第二，按每位公民向政府直接纳税的比例分配选举权。

它们是国家机器得以运转的两个枢轴，我们在解释上述宪法规划的原因时已经提及；一个补救措施能保护公民免遭任何不公正，即便不公正来源于掌权者或是法律；另一个补救措施平等且合比例地促进所有人的所有正当效用。



对原因的上述解释能让我们完全理解真相所在，并表明改革和修订现行宪法的必要性，同时，它也表明了宪法自身存在的不连贯。事实上，这些宪法承诺维系所有人的自由，但同时它们在很多方面都妨害自由，因为它们给予立法机关妨害自由的权力，偏袒这一权力并推动其侵犯自由。没有宪法真正完全确立所有人的自由。此外，它们宣称所有财产神圣不可侵犯。但由于宪法并不连贯，它们自身的许多规定都侵犯财产权。并且总体而言，它们用暴力对抗财产，与其自然的方向南辕北辙，并为土地改革和共产主义大开方便之门，而若不是人们在人性的驱使下揭竿而起，废宪法以自保,社会将沉沦于土地改革和共产主义。

总之,所有效仿法国的宪法都没有它们声称的那样自由,其内心都深藏着最极端的专制。

它们不是立基于法律原则,而是源自基于感官的功利主义哲学原则的推演,这种推演是一种关于公共效用的计算,它以牺牲理性、诚实和正义为代价,并且总是计算错误。

它们与人及社会的本质相去千里,作为一种命令或表达,其所反映的不过是自负的抽象思维和无法适用于社会现实的理论。

因此,有必要放弃它们。意大利人应该相信自己的智慧并敢于尝试其他途径,也应该有另辟蹊径并付诸实施的胆识。这种智慧将最大限度地主宰并施恩惠于意大利人民。她可能注定会拯救万邦。

这种崇高的智慧无往而不能。我国的这种崇高智慧,不会因为长久的灾难而忘记她是三个文明的始祖,是世界的主宰,并且经由上帝选定而进入与日月同辉的人类宗教王国;而我,以其虔敬子孙的名义将下述关于政治宪法的考量敬献于她。希望我的这一努力能延续意大利人集智慧、荣耀和高尚节操于一身的内在品格!

# 第 4 章　一项宪政工程

第一条　国家的有机组织形式依本法决定：违反本法的所有法律和特权均告无效。①

## 第一章　国家的根本原则

第二条　人之自然权利与理性权利不容侵犯。

第三条　天主教会之行为自由应予保证。涉教事务直接与教会沟通，对此不应有异议。教会有权成立各种理事会。主教循古制由牧师和人民甄选，最终确认权则在教皇。

第四条　国家由君主制政府掌权，以法律辅之。②

第五条　人民代表分作两院，由君主统领，代表整个国家。

第六条　君主和两院共同行使立法权。

立法者负责解释法律。

第七条　无长官印信，相关政府行为无效。



① 如果用总统来替换君主，则本宪政工程也可以基本适用于共和政体。本宪政工程立基于其上的市民社会的典型法律在上述两种政体中是相同的。

② 这里还必须加入关于王位继承的条款。

第八条　非经法律途径不得改变国家疆域。

## 第二章　关于君主

第九条　君主的人身不容侵犯。

第十条　君主每年召集两院议事，并有权延长会期或解散立法院。

立法院若告解散，君主必须于四个月内重新召集。

第十一条　内阁长官可向两院提请立法，立法申请可向两院中的任何一院首先提起。两院中任何一院有10名代表申请，该院都可提请立法。在讨论和投票时，内阁长官的立法提案优先于其他提案。

第十二条　只有君主有权批准和颁布法律。

第十三条　君主专属行政权。

第十四条　君主是国家首脑。事关领土领海的所有权力都在君主，其有权宣战，有权缔结合约、盟约和商事条约等。在国家安全和利益许可范围内就相关事项知会两院并发布恰当公告。涉及财政事务的条约非经两院许可不能生效。

第十五条　君主依法对本宪法未予明确的岗位职位进行提名和任命，有权发行货币，有权发布对法律执行确为必要的命令和规章。但君主不得中止法律，中止对法律的遵守，抑或废除法律。君主有权授予荣誉称号。

第十六条　君主任命的法官代表君主行使司法权。

君主有权赦免相关判决或克减刑罚。但非经两院之一明确提

请,君主无权赦免被定罪的内阁长官。

第十七条　君主及其子女的婚姻需由两院批准。

第十八条　王位继承由最高立法机关确定,非经法律手段不得更改。

第十九条　君主私产与他人财产同受法律保护。

第二十条　君主的继任者在继位时应向两院发誓遵守本宪法。

## 第三章　公民权利

第二十一条　君主的所有臣民都是自由公民。

第二十二条　法院面前人人平等。

第二十三条　个人自由应予保证。非经法律许可或依法定方式,任何人不得被逮捕或接受审判。

第二十四条　公民住所不可侵犯。若非执行法律或依法定方式,(警察)不得进入民宅。

第二十五条　公民接受审判的权利不得被剥夺。

第二十六条　迁徙权是一项自然权利。如公民要求出境,不得被拒绝。

第二十七条　所有财产不容侵犯。如果法律确认的公共利益要求之,且依法作出公正赔偿,强制征收并非侵犯财产权。

第二十八条　涵盖子虚乌有之各方的信托行为,法律不予承认。

第二十九条　非经君主批准,任何人不得接受他国给予的奖章、头衔、年金和工作。

第三十条　所有财产依其收益承担国家税赋。

第三十一条　非经代表纳税人的两院许可并经君主批准，不得征税。

第三十二条　国家对其债权人的义务不容违反。

第三十三条　知识产权应予保护。

第三十四条　以形成立法为目的，达到法定年龄者可集体向两院请愿。如请愿涉及法律执行，则应移交行政部门；如涉司法，则应移交司法机关。个人不得单独向两院请愿。

第三十五条　所有公民有权结社，结社不可秘密进行。但如果法院判定社团悖德、不信教或违反本法，易言之，如果常规审判认定社团成员结社目的悖德或不信教，抑或违反国家法律，可以解散社团。

第三十六条　公民依法和平非武装集会的权利应予承认，法律规制该权利的行使以服务公共利益。

第三十七条　出版自由，但法律禁止滥用出版自由。教会有权进行审查，但无权施以国家刑罚。

第三十八条　公共场合应由依法确立的预防措施予以规制。

第三十九条　确保教育自由。法律规制该自由，并禁止其被滥用。

第四十条　商业自由及工业自由是本国经济法规的基本原则。

第四十一条　所有公民均可依其能力大小和适合与否而承担公职。

第四十二条　全民皆兵。有教职和有国家所必需之公职者可免除兵役。

征兵依法进行。兵役负担由所有公民平等担负。

第四十三条　国民卫队依法建制，是军队的一部分。

君主可解散国民卫队并于一年内重新召集和重组之。

第四十四条　军队依存于负责的政府部门之上，此依存关系不得破除。

代表君主所作出的军事命令经内阁长官签批后生效。

第四十五条　法律及判决必须被执行。公权力必须被国家用来执行法律和法院判决，但不能用作他途。

第四十六条　市政及省级机构和区划依法决定。依照法律，代表选举时所得选票以一定比例作为市政委员会和省级政务委员会成员选举的基础。



## 第四章　立　法　院

第四十七条　立法院有权讨论并投票表决被提交的法案，一旦得到两院多数支持，法案即送交君主批准，君主可酌情批准或拒绝批准。两院可接受要求进行立法的陈情，并拒绝其他陈情。陈情者必须根据这些陈情的内容直接向执行机关或司法机关提出。

两院有权进行咨询和调查，该权利仅限于为立法收集必要信息，两院还有权向相关法院提起诉讼。两院不能否决执行法律和判决所必需的公共基金。

第四十八条　立法机构分为两院，两院成员都需选举产生。

第四十九条　各省人口除以15 000即为本省代表数量。如果结果非整数，忽略余数，整数进一。[①]

第五十条　两院成员人数相等。

第五十一条　第一立法院由大产业主选举产生，第二立法院由小产业主选举产生。

第五十二条　大小产业主的区分以其向国库缴纳的直接税[②]为依据。

第五十三条　代表由选举院选举产生，每个选举院选举一名代表。

第五十四条　直接税数量除以代表总数，所得即为选举院所表征的配额。

第五十五条　足够数量的大产业主组成一个选举院，它向政府支付该选举院表征的配额作为直接税。如果只有一位产业主向政府支付作为直接税的配额，那么就由他一人来选举代表，他甚至可以选举自己作为代表。如果两位产业主一起向政府支付上述配额，则两人都参与选举代表。同理，选举院首选与其他支付更多配额的选举院联合，各选举院根据支付配额多少等而下之。因此，当更多选民支付更少以组成选举院时，选举院数量就会更多。



第五十六条　前半数选举院选举产生第一立法院成员，后半

---

① 如果为人口更多的省份作出相关规定，本条款必须表述如下：

第四十九条　当人口不超过500万时，各省人口除以15 000即为本省代表数量。如果结果非整数，忽略余数，整数进一。

如果某省人数更多，则除数加5 000。当人口超过500万时，适用这一算法。

② 这里所谓的直接税，不仅包括土地税，还包括直接向国库缴纳的个人所得税、房产税、营业税、从业税，等等。

数选举产生第二立法院成员。

第五十七条　君主以国家拥有的固定资产收益和其私产收益参与选举。教会及其管理机构、社团以及向政府一般收入缴纳一定数量直接税的团体都依其相同的比例参与选举。

第五十八条　除向政府缴纳直接税（所得税）外，法律对投票权的行使没有别的限制。

第五十九条　投票权专由男人行使。可以经由法定代表来行使该权利：父亲、丈夫、监护人和守护人可以代表受监护儿童、妻子、未成年人和禁治产者行使该权利。

每个选举院选票的不足部分由政府补齐，以支持上述群体。

第六十条　享有选举权需具备下述条件：必须是意大利人，达到法定年龄，未被剥夺法律保护，没有过度负债，无刑事犯罪行为。如果因政治问题被定罪，他们必须被赦免才能享有选举权。最后，他们不得同时从事与选举相冲突的工作。



第六十一条　司法系统成员不得成为立法院成员。对代表的要求与担任政府内阁长官的工作不相容。它也与要求代表在首都之外居住的工作不相容。一旦对代表的要求消失，那些为满足该要求而放弃工作的人就可以继续从事其原先领域的工作。

第六十二条　各省代表享受适当补助，作为一种来自国家的补偿。

代表不能接受选民的任何礼物。一旦代表被证实接受了选民的礼物，其代表资格即告终止。

第六十三条　如果代表因任何原因离任，其选举院将重新选举。代表无正当和可被接受的理由而不参加立法院活动，其所属立法院会对其科以罚款。

第六十四条　每个立法周期历时六年。每个立法院每三年更新其半数成员。首次被替换的半数成员由君主选择。

第六十五条　意大利语是立法院的官方语言。

第六十六条　立法院会议公开进行。但如果有 10 名成员提起书面请求，立法院可以秘密议事。

第六十七条　当立法院之一院不开会时，另一院开会即告非法。两院不得齐聚一堂共同讨论问题或作出决定。上述两种情形中产生的法案无效。

第六十八条　立法院两院有权自行决定其成员的委任状是否合法。如果该委任状的合法形式被确认，代表即告产生。但如果其以法律禁止的方式获得委任状，必须由胜任的法院来审判他。

第六十九条　两院通过内部规章来决定其履职的方式。

第七十条　代表身份确定后，在其履职之前，代表需起誓效忠君主和宪法。

第七十一条　每个会期开始时，两院在代表中选择确定主席、副主席、秘书及其他职员，其任职时间与该会期相同。

第七十二条　如果代表的绝对多数没有到场，两院的会议和审议非法且无效。

第七十三条　决定的作出适用多数票决。

第七十四条　每个立法院提名数个委员会，由其负责初步审查所有法律提案。

一个立法院通过的法律提案将被转呈另一院。另一立法院讨论通过后,提案将呈递君主审批。提案的讨论逐条进行,而投票则整体进行。

第七十五条　投票分三种形式:坐立表决、分组表决和秘密投票。

对整部法律的表决和涉及人事的表决总是适用秘密投票。

第七十六条　如果法律提案被有立法权的三方之一否决,它就不能在同一会期中被再次提起。

第七十七条　政府内阁长官及专员可自由出入立法院,并且当其要求时,立法院必须准其发言。两院讨论时可要求内阁长官出席。

第七十八条　除政府内阁长官及专员外,立法院不接受其他代表团,并且除内阁长官、专员及立法院成员外,其他人也不能在立法院发言。



第七十九条　代表不必为其在立法院中表达的观点或进行的投票承担责任。

## 第五章　司法部门

第八十条　司法机关独立适用法律决断案件。

第八十一条　司法机关包括两个分支:第一分支裁断的事务涉及社会的及私人的个人权利,第二分支裁断的事务涉及社会公民权利。

专事军事案件的法院属于第一分支。

第八十二条　政治正义最高法院*的法官数量与一个立法院代表数量相同:这些法官由全体人民从两个立法院 40 岁以上的代表中普选产生。每十年由人民来决定他们是否想要重新选举法官。即便没到十年之限,立法机关也可以通过颁布法令就是否重新选举法官征询人民意见。

第八十三条　在两个分支的法院系统中,都有基层法院、上诉法院和最高法院。

对需由政治正义最高法院审理的案件,将由两组法官进行两次审判,一组法官人数比另一组多。在终审时,法院全体法官共同出席审判。

第八十四条　当政治权力机关作出的决定可能侵犯本法所确立之权利时,任何个人和团体都可以诉诸胜任的政治法院。

第八十五条　关于司法机关的组织,本法未尽事宜,将由专门立法予以决定。

第八十六条　内阁长官各负其责。

第八十七条　两个立法院都有权起诉内阁长官。当一个立法院起诉时,另一个立法院负责裁断,而政治正义高级法院则负责适用法律。

第八十八条　内阁长官的职责、起诉他们的方式以及相关惩罚都由法律决定。

* 本书中,罗斯米尼分别使用了政治正义最高法院、政治正义高级法院、政治正义法院等称谓,为忠实于原文,将“政治正义”保留,实际上将其去掉更符合汉语表达习惯。——译者

第八十九条　立法院开会期间，代表不受逮捕，除非其犯有臭名昭著之罪行；除非政治正义最高法院事先作出决定，否则他们也不受刑事审判。

第九十条　政治法院的起诉人由君主任命。在法律决定的限度内，起诉人将媒体、教育和其他社会公民权利方面的犯罪者诉至胜任的法院。

第九十一条　任职四年后，法官便不能被开除。

第九十二条　涉及公民及政治事务的法院公开审理案件。经被告请求，刑事诉讼中的论辩也可公开进行。

# 第5章　本宪政工程的原因解析：分配各项事务的原因

一部好的基本法必须决定下述三个事项：国家立基于其上的一般原则、人民的权利以及政府的权力。

本法第一章解释了国家立国的诸原则；第三章描述了人民的权利；第二章、第四章和第五章则描述了政府的权力，主要见之于政府的三个最高权力机关，即君主、立法院和司法机关。

在讨论了君主的权力（第二章）之后，在讨论促进人民福祉和进行审判的权力之前（第四章和第五章），我们自然要讨论人民的权利，这就是第三章的工作。

在解释各条款的理据之前，我必须提醒大家注意，并非本法中的所有条款都属于该宪政工程的内容。经过相关的学术讨论后，其中的许多条款都可以改变。在已存在的诸宪法之下，各市民社会受到种种弊病的袭扰，我所提出的克服这些弊病的补救措施可归结为两点：政治法院制度，以及依据公民向政府缴纳的直接税而赋予他们选举代表的权利。

# 第6章　宪法序言条文的原因分析

**第一条　国家的有机组织形式依本法决定：违反本法的所有法律和特权均告无效。**

国家的基本法为万法所宗，很明显，有必要规定，违反宪法的所有法律规定均告无效。

此外，该条款为立法权设置了界限，因为它使立法机关不能制定违反本法的法律。国家的所有部门，包括立法机关，必须有有限的职权范围。否则，国家将无所不能，并因此走向专制。市民社会也将因此而遭遇暴政。

本宪法的目的就是为国家各部门划定界限，并为国家提供规范。当相关情形出现时，它必须知道政府此部门或彼部门的行为是否超越了其职权界限。

但在下述情形中，即当立法机关很明显超越了其权力界限时，国家该如何应对呢？

只有两种进路：一是事实进路，二是权利进路。

事实进路就是革命：到目前为止加诸人民的所有宪法都只保留了这一种进路，国民要主张其被国家权力所侵犯的权利，就得突破宪法设定的界限，而这又违反了宪法本身。

这是一种暴力进路，因此其通向了野蛮和不文明。文明要求事实进路让位于权利进路。

因此,有必要为这些情形确立某种司法程序。宪法自身有必要确立一种合法且和平的方式,经由此种方式,所有权力均被置于事先确立的界限之内,并且如果它们超越了那些界限,也不会引发混乱或杀戮,至少它们的行为会被宣布为无效。由于这些行为无效,它们就不能伤害公民。总之,除了立法机关外,有必要确立一个司法分支,使其作为宪法的监护人和国家及其权利的导师。

就目前所知的宪法而言,它们或多或少都存在这一缺陷,就本书论及的宪政工程而言,这一缺陷为其第五章所讨论的政治正义最高法院所补正。

当我们主张“违反本法的所有法律和特权均告无效”时,我们不仅仅指称直接且实际违反本宪法之某一条款的行为,它还涵括所有能从作为本宪法之一部分的条款中合逻辑地推演出来的所有结果。不过,这些条款表征着许多原则,这些原则中又包含着无限多的结果,与这些结果相抵触也就是与包含这些结果的原则相抵触。因此,尽管本条款宣称所有与可从本宪法此条款或彼条款中合法推导出的任何合逻辑的结果相抵触的所有法律和特权均告无效,但它所拥有的力量和价值比其表面看起来更为广泛。

但从诸原则中推导出所有可能出现的合逻辑的结果,这是常人的普通智慧无法胜任的工作。因此,大众自身无从知晓国家权力对大众权利所有可能的侵犯行为,并且大众并不总是能够知晓立法机关制定的所有违反本基本法之安排的所有法律,也即违反本基本法之安排所包含的合逻辑之结果的所有法律。成文之法律对宪法的违反有时被用于表述法律的正直语词形式所掩盖，并且这些法律最令人始料不及的后果侵犯了本法所保证的公民权利。因此，有必要在政府中集聚一批博学且廉洁的法官，将这些权利置于他们的羽翼之下，凭借他们的智慧，这些法官能够发现诸法律最令人始料不及的结果对这些权利的侵害。唯其如此，人民才是受保护的和安全的，公民才能平静生活，并且不必担心立法机关的僭越。

在一些情形中，很难知晓一部法规所带来的结果是否违反了本宪法的某些条款，也即它使人民或公民中的少数抑或公民中的一些人在这一判断中变得轻率盲目，因此他们错误地相信立法机关侵害了其权利。如果在如此重大的问题上没有一个胜任的法院，人民往往会自己动手找寻正义，而人民的正义总是草率且暴力。在如此情形中，即便最为公正的立法机关也会妥协。

那些对法律不满又无法抗拒法律的人不仅会私下议论并选择支持政府的反对派，他们还会领导各种团体并以诡辩、谩骂和其他激发群众激情的方式误导民众。此外，他们还会以暴动骚乱扰乱政府和已制定的法律。如果没有可资信任的政治法院，满腹狐疑的人民就会轻易相信那些骗子，他们表现出一副热心于人民福祉的样子并向其封官许愿。

一部好宪法的一个必备特征是，使所有人坚定地相信，所有权利都由法律保护和保障，政府权力滥用职权必定受罚；不论何人以何借口作出的违法行为都会被诉至法院；所有不公都能依法和平且轻易纠正。

当人民对此确信无疑，他们就会信任并热爱其政府，而且会信任并遵守法律。唯其如此，人民才会和平且可靠，煽动者才会丧失其影响力。为了这一目的，所有制定并执行的法律都不能侵害本宪法所保证的权利。最好有一个强有力的权威机构负责警戒，司法机关最好高于立法机关以裁断立法行为正当与否。

# 第7章　宪法第一章条文的原因分析

**第二条　人之自然权利与理性权利不容侵犯。**

宪法以宣称“自然权利与理性权利不容侵犯”开篇，这体现了这样一部宪法的尊严与高贵。[①]

这一宣言主张本法立基于对人性的尊重之上。如此一来，国家就不会被国家中心主义败坏，而国家中心主义总是会伤害国家本身。这一宣言也给人民上了庄严的一课，它同时也是对主客不分的野蛮法或异教徒之法的抗议。这一宣言使得野蛮法和异教徒之法的存续变得不再可能，因为它也承认并保护外国人的权利。[②]



任何专制政体都会从根源上否定自然权利与理性权利。专制的当权者罕有从理论上承认这些权利的，事实上承认这些权利的则更为罕见。

现时代，人民对君主专制的厌恶大爆发，但人民不是与专制本身作斗争，而只是与特定形式的专制作斗争——因此，社会的这一根本性罪恶只是改头换面而已。

于是，除了其他谬误外，人们被错误地教导认为，人民的意志

---

① 关于自然权利与理性权利，请参见《法哲学》，“衍生之权利”，1—20。

② 关于不被包括在市民组织之内的人的权利，请参见《法哲学》，1677—1679。

可以为所欲为，而所有的权利义务都源出于人民的意志！由于确认多数人的想法即可知晓人民的意志，君主专制被人民专制取代，也即多数人对少数人的专制，而少数人的权利就被牺牲掉了。[①]

另外，多数派被几个人领导，他们拖着多数派前行，而法律上他们无权如此。于是出现了另一种专制，它在社会中没有固定位置，没有任何合法形式，在不同地方随机出现。这是一种事实上的专制，想阻止它就像阻止不可预测的火山爆发一样，其可能性何止千万。在此种情形下，市民社会变得混乱无序。

当人民万能理论吓坏了已遍地血污的世界，人们非常庄重地引入了立法机关以取代该理论。两院以人民代表的面目出现。有发言权的仍是人民，只是这回得经由一个代表机构；广场上的骚乱转化为立法院里的讨论。专制主义改头换面了，但它仍存活下来，并穿上了完全合法的华美新装。它不再残暴，但它仍可能随意不公，并且可能非常专横。暴力已经离开，但仅一步之遥，立于立法院带来的不公背后的就是人民暴力，对立法院带来的不公我们却没有任何防御。而在市民社会中，革命仍在继续。我们能以何种形式击败所有形式的专制呢？

承认下述观点非常有利，即在市民社会、人民和所有人之上，存在所有人必须遵从的永恒正义，这一正义并非出自人民、立法院、君主抑或人之意志。事实上，它没有出处，它只是存在，如上帝一般，或者可以说上帝是其出处。有必要承认，在市民社会的所有

① 关于多数人专制，请参见《政治哲学：社会及其目的》(Ⅰ)(*Filosofia della Politics, La Società ed il suo fine*, Ⅰ)，第 9 章；《法哲学》，“衍生之权利”，第二部分，274。

实在法之前，存在其他律法，社会法律必须服从之，否则即告无效，就像其从来也没有存在过一样。必须承认，人之权利优先于市民社会的制度安排所赋予人的那些权利。我们必须承认存在一种自然法和理性法，它先于市民社会而存在，而市民社会的所有安排都必须尊重该法，国家权力无论做何事或尝试做何事都不能违背该法。只有当这一点被完全承认，并真诚地接受其所有后果，只有当立法机关不管其好恶如何都完全尊重在其之上的自然法和理性法，立法机关才能不再专制，不管其专制采取何种形式，是多数意志、多人意志、少数意志抑或某个人的意志——因为这些都是权力的形式，而非权力本身。权力本身必须恭顺地俯首于永恒法之下。国家权力和市民社会必须承认他们没有任何权力对抗自然赋予人的权利及因之产生的独立于国家社会之外的人之联合的权利。

因此，必须承认，除社会公民法外，还存在一种超社会法——后者更受尊重，而两者一旦冲突，后者必须永远优先于前者。[1]

法律之学目前主要局限于实在法安排，因此，法律人倾向于拒绝承认所有超社会权利，过于重视市民社会及其立法权力，并从该

---

① 我们在《政治哲学：社会及其目的》第一部分第 10—12 章中表明了这种超社会权利的存在，并且我们在《法哲学》，“衍生之权利”第一部分的 1649—1702 中以及在“社会公民权”（Dirrito sociale-civile）的 2181—2266 中捍卫了这一权利，以对抗市民社会的侵害。

我们也已经指出，由于不同作者仅依凭社会权利原则，或者既考虑社会权利原则也考虑超社会权利原则，他们对某些司法问题给出了不同的解决方案。我们所举的例子是一个微妙的问题：“当政府侵犯人的权利时，人民能使用何种惩罚措施？”（《政治哲学：社会及其目的》），第一部分，第 11 章）在《法哲学》，“衍生之权利”第二部分的 2347—2388 中，我们表明，在君主专制政体中，**社会权利**没有授权人民对君主使用暴力，同时我们宣称，我们想避免根据超社会权利原则处理相同的问题。

权力的善意中得出人的多数自然权利，如所有权、休息权，甚至结婚的权利。这些教条大大助益了人们头脑中无所不能之市民社会这一幽灵的产生，并且它们还是欧洲各种不同形式的政府毫无例外地立基于其上的可悲专制主义的最为坚定的支持者。

为了从根源上打倒专制主义，几年前我出版了拙著《法哲学》，该书知之者甚少，在该书中，我捍卫了人的所有理性权利与自然权利，以对抗所有形式的市民社会对其进行的规避与侵扰。我这么做有两个目的：一是确立一种不可侵犯的、超社会权利的权威，该权利永恒存在且绝对优先于所有实在法安排；二是将国家政府置于其恰当的界线之内，并表明其没有超越于人之权利的权威——其权力仅仅在于决定共同善采取何种形式，并始终捍卫共同善的整全价值。①

若将该理论付诸实践，它将摧毁所有社会专制，不管其藏身于何种形式之下，抑或以何种面具掩盖其丑恶的缺陷。

如果必须保护自然法和理性法，使其免受立法院之权力、人民之权力抑或其他权力的侵害，但其还是受到了侵害，我们又当如何呢？

这里有两条道路可选：一条是事实与暴力进路，另一条是合法且和平的进路。如果不选后者，我们必受前者之乱。该何去何从已毫无疑问。因此，市民社会有必要在其内部确立一个政治法院，以自然权利和理性权利对抗所有侵害这些权利的其他国家机关。

① 甚至在涉及自然权利和理性权利时也是如此。即便涉及这些权利，只要其内容保持完整，社会也可以改变其形式。参见《法哲学》，“衍生之权利”，第二部分，2480—2488。

有必要将该自然法和理性法视为市民社会宪法的基石,这就是本法第二条的重要性所在。

1789 年带给我们最好的礼物当然是《人和公民权利宣言》,拉法耶特模仿美国宪法提出了这一宣言。但其所缺的是一个能推行该宣言的法院。除此之外,法国权利宣言的很多表述没有确切含义,使得错误解读丛生。另外,一篇简短的宣言也无法涵括人所拥有的所有自然权利和理性权利。

因此,更好的做法是,如我们在本条款中所做的这样,在一部宪法中将自然权利与理性权利不可侵犯这一原则神圣化,并且如我们在本宪法第三章中所做的那样提及公民的主要权利,之后将其他自然权利和理性权利的发展及进一步适用托付给一个高级法院。

**第三条　天主教会之行为自由应予保证。涉教事务直接与教会沟通,对此不应有异议。教会有权成立各种理事会。主教循古制由牧师和人民甄选,最终确认权则在教皇。**



所有立法者都承认宗教是国家的基石。目前为止意大利所采用的宪法都将天主教奉为国教。但"国教"这一词汇并不是一个准确的概念。赋予天主教公民的政治权利随时代而不同。《托斯卡纳法典》允许非天主教徒担任公职和军职,但宣布天主教为国教,这让人颇为费解。

本书所述法典中,加上这样一条是恰当的,即在由国家庆祝的宗教庆典上,国家不能由非天主教官员代表。例如,让一位犹太教官员在弥撒中唱赞美诗,这不仅不当且失德,而且是对宗教信仰的一种嘲讽,这是在法律的要求下由官方授权的出卖良心。若是如此,让塑像来代表国家都不会如此糟糕。

良心自由不容侵犯。因此,我们不能对一位犹太教职员的良心施暴,因为如果是一位真正的犹太教教徒,他必定会因置身天主教庆典而感到不悦。同理,我们同样不能对天主教教徒的良心施暴,因为他们不能让非天主教教徒参与其宗教,否则即是违反戒律。除非我们允许所有人完全践行其宗教律法,否则我们无法实现良心自由。以强力、法律或政府行为迫使人们违反其宗教律法,这完全是偏执、迫害和专制。

基本法不能存在误解和模糊不清的表述。

因此,最好由立法机关根据时代条件和情形来决定其他宗教的政治和国内条件,而不是由宪法本身来规定这些条件,因为宪法主张一个不确定的准则才能稳定和持久,否则如果一个准则已被确定,随着时间的推移对其作出的修改既不利于基本法的权威,也不利于团结。

虽然不便在宪法中宣布天主教为国教,但通过宪法承认意大利为天主教国家还是可行的,因为非天主教徒只是人口中的例外和少数。在一个一贯信奉天主教的国家中,为该信仰提供保证并珍视信教自由不受侵犯这一原则是恰当的。

天主教不需要政府保护,只需要自由。它只需要其自由被保护,除此之外,再无其他。一个自由的民族视其宗教为奴仆,这简直荒唐至极。这一荒唐局面可见之于所有法国式宪法,因为不信教在这些宪法的形成过程中发挥了作用。尽管它们都宣称宗教自由,但同时口是心非地允许存在一个阻止自由信奉天主教的公法,并允许其在宪法之外日益自成一体。

天主教已在这种无耻的奴役中受压迫太久了,现在上帝召唤信教的意大利走向自由，她也应承担作为天主教解放者的使命。

天主教必须自由地作出其合乎教义、道德且纪律严明的决定。在其信仰、道德、礼拜、戒律、牧师管理及所有律法的适用等方面，它必须自由，否则它就没有完全的行动自由。这必须成为意大利真正且完善之自由的首要元素。意大利智慧发现了谎言，她必须终结这些谎言，不管其藏身于何种面具之下，因为意大利人的正直容不下谎言。

本宪政工程的第三条事关这一最高国家需求。

国家的中心是罗马，天主教的中心是基督教创始者于意大利中心位置建立的罗马教廷，它是意大利最大且最持久的荣耀。政治与宗教的双重统一依赖与罗马的自由交流。想要让意大利亡国灭种的外国势力用尽浑身解数，对与意大利境内罗马教廷的交流施加千万重障碍。这是想要让儿子和父亲分离。意大利重回自由并归于统一，她必须完全反其道而行之。

天主教徒和罗马教廷之间隔阂较深，尤其是意大利和罗马教廷之间也是如此，这一情形的第二个成因是王朝之间的嫉恨。

这种王朝间的嫉恨以及其下半隐半现的法律术语并没有永久消失。君主们走向人民并与他们握手言和。现在，人民的利益就是君主的利益。在政务和教务方面与罗马团结一致符合意大利人民的利益。不应构筑障碍或寻找借口再次将其分开。

高卢主义*及其在意大利政府中散布的反宗教精神，经煽动者予以系统化和合法化，戕害并威胁着意大利人民的信仰。尽管

---

* 主张限制罗马教皇的权力并要求各国天主教自主。——译者

其严重伤害了意大利的天主教信仰，但它没有扑灭意大利人的信仰之火。因此，尽管有人迷惑并欺骗他们，但当亚平宁半岛上的人民看到各国政府处心积虑地确立无数繁文缛节以破坏教会及其与教皇的关系时，他们仍然感到愤怒、悲愤和不安。此外，它们还给罗马教令施加了吹毛求疵、傲慢无礼和拙劣不堪的审查。必须使意大利天主教徒永远不再感受此种不安和苦恼。如果人民看到政府尊敬教会首领，他们就会对政府充满信心。今后，只有当不再有人禁止人民直接诉诸其共同的天父并聆听被耶稣赋予照看信徒之责的神父自由的声音时，他们才能真正享有其自由。信徒直接且自由地与其良知的主宰进行交流的权利神圣不可侵犯，它也不可能被真正禁止。没有什么能够消除或克减该权利。

如果主教们不能根据教义和教会律法在其认为适当的时候公开集会，教会就仍不自由。这里我们所谈的是公开集会，而不是违反教会意志和律法的秘密集会或非法集会。主教团由许多主教构成，其中首要的是圣彼得的继承人罗马教皇。他们必须共同掌管教会。主教们之间进行的与教皇一致的有助于教会管理的讨论是必要的。团结一致必须成为教会管理的特征。自有教会以来，其一直以此种方式进行管理，这带来了教会的繁荣。后来，专制政府从中作梗，情形才变得不同。信仰动摇，以及因此出现的所有世俗的和精神方面的疾患大都源自专制政府的嫉恨，特定时代的野蛮状态也狼狈为奸。政府千方百计阻挠主教团的团结，因为它清楚地看到，这样的团结将会经由捍卫被践踏和被压迫的国民的权利而打破政府专制。现在是时候要借助教会之手打破这些专制工具。唯其如此，意大利及意大利人民才能享有真正的自由。集会及结社自由全民共享(第三十四条、第三十五条),能唯独剥夺主教们此项自由吗?这完全说不通!劝说人民享有自由,而另一方面人民却发现其领袖和牧师却戴着枷锁,这何以可能?天主教徒的感情难道不会受伤?若政府宣称所有人得享自由,同时保留使主教们身陷枷锁的权利,意大利人怎会真诚地相信其政府是真心实意?他们怎会对这样的政府保有信心?在国家利益面前,他们怎会心意合一?当他们在法律中看到了不虔诚的影子,他们怎会以宗教般的尊重信守法律?以法律上的严苛要求和武器的暴力能使人民忠诚且深信不疑吗?让我们将这些想法留给暴君吧。我们意大利人有我们的常识,我们仍将相信,人民的忠诚无法收买、无法骗取、无法以武力强求;意大利民族和谐、团结和友爱的基石不是别的,正是人民深刻且广泛地相信,其政府是真诚的,其法律是正当的,而这两者所蕴含的精神完全是虔诚的。



专制政体怎么做才能获得虔诚的名声呢?戴着教会仁慈守护者的面具,它干涉所有宗教事务并将其唯利是图的气质输入其中,而这是死神的气质。它不允许任何反对其自身及其罪恶的宗教安排。教务理事会之教义的价值本身必须完全仰赖其善意。它除掉或败坏牧师,而后者拥有保护人民自由、弱者及受压迫者权利的自然义务。我说过,牧师——更准确地说是一部分牧师——将会悲惨地沦为政府之贪婪计划的罪恶工具。

专制政权还会做什么呢?它假装参与宗教事务,实则对其高度警觉;它假装采纳牧师的忠告,但却破坏牧师的层级。这一层级对天主教教会而言至关重要,离开这一层级,牧师们既不会有权威，也不会有天然的影响力。[①]

专制政权不会咨询主教并在重大事情上咨询教皇，它偏爱让天真的牧师作为顾问，后者被小心谨慎地从主教团的影响中分离出来；事实上，专制政权会让后者持续且系统地反对主教团。当对其有利时，专制者清楚地知道怎样征求一位主教的意见，但如果其厌恶该意见，他就会诉诸另一位主教，并想尽办法让后者反对前者——这样做很容易，因为主教们彼此孤立且完全被分开，并且政府禁止他们集会讨论并专注于教会的需要。

因此，如果意大利想要真正完全自由，如果其想要全身心和谐一致，就需要确立主教集会，并讨论所有关于教会管理问题的自由。

本条款将选举主教的权利交还给牧师和人民，这一条款将有助于达成政府和教皇之间的谅解。

将这一自由交还教会至关重要，因为它恢复了一项牧师的权利，同时也是人民的权利。

① 如果检视北方三国于 1815 年 12 月 22 日在巴黎签订的所谓《神圣同盟条约》（原文如此，条约签订时间疑误。——译者），人们可能会被其所宣称的基督教信条的神圣性所感动，并且认为这是对救世主主导人世的庄严且伟大的证明。但当人们更细致地审视这一条约，并且自问这份条约怎么只给世界带来了持续三十多年和平的王朝专制时，就能轻易发现其不完善之处。尽管其高调宣扬基督教信仰以及该信仰向君主及其臣民主张的原则，其对**教会**几乎只字未提。存在没有教会的基督教吗？没有教会，就只剩下抽象的基督教信仰，其一方面无法约束君主们的专制，另一方面也无法约束人民的激情。君主们不害怕抽象的基督教，他们自视为基督教的合法解释者，基督教也能在君主们超越正义的界限时告诫、指责乃至惩罚君主。因此，我们看到君主们总是乐于承认基督教，而不那么乐于承认教会。确实，因为有信奉天主教的君主、异教君主和支持分宗的君主，所以不能通过一个**宗教**合约来确立教会地位。但为什么将该联盟称作神圣同盟呢？我们怎么能将神圣之名与异教和分宗派混为一谈呢？在这一宗教方式的背后，我们难道看不到冷漠乃至虚伪吗？

这种形式的选举为教务理事会的无数教规所确认，它属于神圣权利。①

① 这里，我们所言的不是**构成性神圣权利**，而是一种**道德上的神圣权利**。当后一种权利被侵犯，其不会伴有任何非正当性。因此，只要罗马教皇选择并任命主教，并且政府也确认其任命，主教们就是神圣的特伦托会议第 23 部分第 8 章所确定的合法牧师，由于有了**构成性神圣权利**和**道德上的神圣权利**的区分，在该问题上论者们不同的决定就能够调和。

主教制度中的构成性神圣权利是神圣的制度，也是教会的使命。但正如神圣的特伦托会议所教导我们的那样，这两者完全独立于人民和任何其他世俗权力：主教制度中的构成性神圣权利是神圣的制度，也是教会的使命。但正如神圣的特伦托会议所教导我们的那样，这两者完全独立于人民和任何其他世俗权力（第 23 部分，第 4 章）。

但让我们谈谈**道德上的神圣权利**。它要求我们：

第一，教会牧师的选举真正由教会自己做主。换句话说，由教会权力做主。那么，该权力岂不是被赋予世俗权力的提名权极大地限制和削弱了？教会如何确保品行最佳者当选？世俗权力实际给予和能够给予什么保证呢？



第二，不能强迫平民接受一个他们不信任甚或连其名字或长相都不熟悉的牧师，他们也不了解这些牧师的品行或行为。耶稣尝言，羔羊必须认识其牧羊人（《约翰福音》第 10 章）。这是源自牧师制度之本质的一项自然的神圣权利。圣・阿他那修（Saint Athanasius）在证明罗马教皇不正当地侵入了亚历山大城的教会时，就援引了这一教宗传统，他说，按照保罗的话，民众和神父的灵与我们的主耶稣基督的德相结合。但我们不能赞同这些论者的观点，他们想要作出否定性论辩，并主张凭着圣・吉如拉莫（Saint Girolamus）的一段话，亚历山大城的首批主教就被强加给了并不知情的人民，而他在谈论那些选举时，提名了牧师，却对人民保持缄默。我们有理由相信，圣・阿他那修比任何其他人都更清楚其教会的传统。另一方面，人民不是主教的选举人，并且圣・吉如拉莫关于主教选举的谈话独特且简洁。这足以让人民接受并且不会抱怨。因此，纳塔勒・（阿莱桑德罗）・安尔桑德罗（Natale Alessandro）才会写道：从神圣的传统和使徒的观察流传下来的情形是，民众在选举主教时用呼喊声表达他们的认可、弃权、判断和反对。但由于主权者提名，人民事实上对其一无所知，并且如果他们抱怨，就会与强大的当局、与野蛮的世俗政府相冲突。教会听从主权者的提名，这是事实。但其这么做是受严峻的情势逼迫，并且是为了避免更大的恶。对那些威胁着要取你性命的人，你交出了自己的钱财——但这并不意味着神圣的法律没有禁止抢劫偷盗。现在情况变了，人民获得了自由，因为他们不必再害怕君主专制的威胁。关于由政府提名主教所带来的不便，请参见《神圣教会的五种创伤》（*Delle cinque piaghe della Santa Chiesa*），第 4 章。

说君主代表人民，这毫无用处。这是一个弥天大谎，专制政权的立法机关散布了许多这样的谎言，我是说任何形式的专制政权，包括采取宪政形式和共和制形式的专制政权。

在美好的往昔，代表教会的大主教都是由牧师和人民选举产生的。

数世纪以来的经验很好地表明政府提名或主权者提名将会如何。世俗权力所偏爱的人成了圣徒。他们总是非常平庸，有些还卑鄙无耻。他们的行为即使正常，那杰出的、神圣性的例证何在？他们可能受过体面的教育并充分掌握教义，但激昂文字、指点江山的神父何在？当代主教有谁完成了伟大的作品？他们可能忠厚老实，但比肩安布罗斯、达修、巴西略的坚定立场何在？他们可能谨慎且友善，但蔑视世俗之物、尊严高贵且经得起权力诱惑的英勇正直何在？暴君总是忌惮伟人。伟大的智者、伟大的圣人、伟大的科学家和伟大的作家，他们通通不受欢迎。宽厚高尚的人也不会出现。首先，国家阻挠伟人的产生；其次，即便他们克服障碍并最终出现，也会受到鄙薄。只有当牧师和人民团结起来，才能使伟大的主教入主教会。目前，这是虔诚的意大利人对其立法者的要求。这是其最为直接且必要的需求。该需求不被满足，意大利就不会相信其完全自由，她事实上也不会自由。

教会的主宰应为人民所拥戴。专制政权允许外国人主宰教会，那些人与意大利人没有任何共同点，他们甚至不会说意大利语。暴君意在分裂而非统一。上帝的牧师和人民不可分割，而暴君则意图分裂他们。重生的意大利必须反其道而行之。宽宏大量的君主们，既然你们已经赋予臣民多项自由，那么给予他们完全的自由吧！将牧师交还人民，因为数世纪以来一直如此，让人民自由地选择其牧师吧！

所有教义都主张，如果人民不信任强加于他们的牧师，他们可以拒绝之。亲自动手提名主教的政府规避或违反了所有这些教义。

教会教义给了人民否决的权利，给了各省主教和牧师举荐新的高级牧师的权利，而教皇则拥有确认的权利。这高度和谐，人人参与涉及所有人的选举。

时乖运蹇，暴君的诡计和暴力打破了这一美好约定，这一源自上帝使徒的后天秩序。如今，历时数世纪的野蛮已然成为过往，各国已进入成熟的文明，是时候回归旧制了。上帝召唤虔诚的意大利率先垂范。

只有牧师和人民选出的主教才配称作国民主教。只有这些主教才感到有必要给予其牧师和人民一种国民教育；主教应与选举他们的牧师团结一致，与人民团结一致，主教源自人民，他们相互信任和尊重。唯其如此，主教才能成为维系整个国家的最为强大的纽带，并用虔诚的情感将人民和政府联结起来。他们不受政府控制，因为他们对政府无所求。他们也不视政府为敌人，因为政府也没有窃取什么。公意将他们置于主教的位置，而政府权力本身也源自公意。同样的公意一定会偏爱自由的政府，因为公意确立了政府，选择了教会的牧师，并因此最大限度地向政府保证了所有选出的牧师真正属于全体国民。只有外来的政府才会担心主教们对政府不忠诚，不会致力于其幸福且光荣的事业，而这样专制的外来政府本身就是国家的敌人，也是正义的敌人。

由于信任意大利君主们的高尚和审慎,我已请求他们归还本属于教会的自由,以使教会能够选任自己的牧师。文明的审慎必能使这些君主知晓,今时不同往日,即便对其进行合法化并且统一行动,僭取教会权利只会带来危害。

现在我想转向人民并告诉他们:我日益痛恨合法的君主专制。我知道,由于对主教的提名权被强制性地赋予君主——并且这么做是为了避免正在威胁教会的更糟糕的灾祸——但这样的提名权是君主之专制的最强有力的手段之一。经由这些提名,君主使宗教成了专制统治的奴仆;他们将神圣的牧师转化为实现其不受约束之欲望的工具。创立教会是为了使其成为政府和被统治者之间的调停者,而君主们使这一有益且受欢迎的机构偏离了其运行轨道,它只能被绑在提名者威风凛凛的马车后面拖行。为什么三个世纪以来的教会越来越痛恨文明和人民的自由?这难道是其本质使然?事实上,它违背了其本质、使命和生命,甚至最近,一位颇受欢迎的作者还表明了这一点。[①]

首要且根本性的原因在于:几乎所有天主教教会的主教都是由君主任命的。让我们废除这些任命,牧师们将会回归其本真,正如耶稣所愿,他们将成为人民的牧师。

**第四条　国家由君主制政府掌权,以法律辅之。**

**第五条　人民代表分作两院,由君主统领,代表整个国家。**

第五条认为,人民代表代表国家,由君主统领;这是为了消除其他宪法不负责任地带来的不幸谬误,那些宪法视人民代表为国

① 吉奥贝尔蒂(Gioberti):《辩解书》(*Apologia*),第 1 章。

家的唯一代表，好像国家可以离开作为统一之源泉的元首而存在一样，而元首是一国不可或缺的条件。

在诸人民宪法中，代表们被给予国家代表而非人民代表的头衔，这是大众暴力和无政府主义融入煽动者之理论的结果。当代表是“国家的代表”时，我们的逻辑能在其中发现无政府主义，因为头脑与身体分离了，无首脑的国家得到了承认。另外，我们的逻辑还发现了大众专制和对任何形式之政府的反转。最终，时间是合逻辑的，它迟早会无可置疑地意识到这一错误界定的后果。

同理，最好将政府界定为以法律辅之的君主制（第四条），而不是以“人民代表辅之的君主制”，因为政府掌握所有权力，包括由代表组成的立法院的权力。

**第六条　君主和两院共同行使立法权。**

**立法者负责解释法律。**

**第七条　无长官印信，相关政府行为无效。**

立法权被赋予君主和两院，因为君主和两院联合代表国家，并且一个自由国家必须自我立法。最高政治法院* 不能干涉立法的原因稍后解释。

如果对法律的解释含混不清，它就没什么意义。因此，当前宪法将法律的解释权赋予立法者①，这没有妨碍法院在认为法律清楚明了时将其适用于具体案件。如果法院认为法律模糊不清，它们就不能严格适用之，而只能以仁慈且宽泛的方式适用法律，其他

---

* 即前文所谓政治正义最高法院。——译者

① 关于法律的解释权，请参见《法哲学》，“衍生之权利”，第二部分，n.2446。

无需多言。

认为法律模糊不清的人完全有权诉诸立法机关,要求其作出解释。若法院判决与立法机关解释相龃龉,必须修改法院判决。

关于第七条的其他理由,我们将在第九条中给出。

**第八条　非经法律途径不得改变国家疆域。**

疆域是一国之存在的前提之一,同样,我们认为一国人民不能居无定所,而应稳定且文明。而在宪法中,疆域应被视为国家的根本原则之一,改变疆域边界的权能只能属于国家。

# 第 8 章　宪法第二章条文的原因分析

**第九条　君主的人身不容侵犯。**

规定君主的人身不容侵犯，这是出于国家利益的考虑。侵犯君主即是侵犯国家。

一群人被称作国家，这是因为在法律上它是一个国家。如果这群人没有法律上的统一性，它便不是国家。当前，在君主制国家中，众人的统一以君主为首脑。因此，侵犯国家元首即是侵犯国家的统一，也即侵犯国家本身。

我们所谓君主不受侵犯，不仅仅是指君主的权利不受侵犯，所有公民的权利同样不受侵犯。我们意欲表明，国家刑法不能适用于君主。这是君主独享的特权。君主身边的其他人，以及君主的财产必须适用共同的法律（第十九条）。

但为什么要有这样一种特权呢？我们重申：这一特权不是为了君主本人，而是为了国家。刑法不能适用于作为整体的整个国家，因为这荒唐至极。同理，它们也不能适用于统一且构成国家的君主本人。

国家的核心保持完整，这符合国家利益。君主是正义、秩序及国家稳定的标志。为了保持统一，人们需要总是看到这一不可变更的标志，它使人们铭记统一不可变更，铭记统一立基于其上的某种神圣且永恒的存在。

当然，君主是与其他任何人一样的人，其本身拥有的权利和义务与同辈相同，但我们不能由此得出君主必须服从适用于其他公民的刑法。我们已经解释过原因，也可以用另一种方式作出解释：

制定刑法是为了保护全社会的利益。如果免除君主在人身和心灵方面遵守刑法的义务能带来更大的社会利益，那么该社会的宪法必须免除其相关义务。赦免其他犯罪者的权力（第十六条）也是基于这一推理。承认君主拥有这一特权比不承认其拥有该特权更能保护社会，使其更为稳定和融洽。

此外，君主人身不受侵犯，这还源于市民社会“首脑”这一概念。没有首脑，就没有社会（第五条）。因此，没有任何社会权力能够惩罚君主，因为一旦与君主分离，国家就不复存在。假如真有这样一种分离，除了超社会权利外其他什么都不会剩下，而这些超社会权利不属于市民社会权力。[①]



君主人身不受侵犯，这就要求社会应受到保护，以使其免受君主权力滥用带来的伤害。宪法对此做了规定，它给君主权力设定了界限，并且特别规定，除非有负责的政府内阁长官的印信，否则君主行为没有任何价值（第七条）。

作如是处理后，君主任何滥用权力的行为均告无效，因为他自身什么也做不了，只有与其内阁长官一起他才能行使权力。这使得法国人主张，“君主统而不治”，这等于说君主表征国家统一和秩序原则。因此，君主经由任命内阁长官和政府其他官员给予政府

① 《法哲学》，“个体权利”（diritto Individuale），第二部分，n.2347—2354。

秩序(第十五条)。政府事务由内阁长官和其他官员直接处理,责任也由他们承担。政府源出其中的秩序原则高于政府并且纯粹是有益的,因为它只履行维系秩序的功能,其自身并不直接负责。

该秩序原则被严格限定,它经由妥善选择真正的直接管理者(即内阁长官和其他官员)而使国家事务秩序井然,这使该原则变得非常必要,上文所述也因此完全正确。所以,君主利用宪法确立的相关权宜之计来选择尽可能胜任的(考虑到人类事务之完美性的限度,"尽可能胜任"已是我们能期望的最佳结果)内阁长官和其他政府官员,这些权宜之计是:

第一,内阁长官需得到由两院所代表之人民的信任。

第二,内阁长官和其他所有官员应各负其责。这些官员的坏名声会损害选择他们的权力的声望。由此可以得出,君主应根据民心所向任命官员。



第三,某些官员(即法官,第九十一条)不能被解职。

第四,某些职位的选任应由人民见证。换句话说,这些职位的任职者应由人民直接选出,例如两院的人民代表(第四十八条)和政治正义最高法院的法官(第八十二条)。

第五,最为重要的是,主权者与职位任命之间的关系由法律决定,而非任意妄为(第十五条)。

第六,最后,根据本法的所有条文规定,君主应全心为国,这使得君主的利益所在即是使其行为获得人民公意的赞许。

**第十条　君主每年召集两院议事,并有权延长会期或解散立法院。立法院若告解散,君主必须于四个月内重新召集。**

行政权对社会而言极其重要:如果没有行政机关予以执行,最好的法律也毫无用处。因此,行政权赋予法律以生命和活力。

宪法第十三条将该权力委托给君主,而君主通过内阁长官和其他官员予以实施。

正如我们所见,宪法为行政权施加的限制不足以防止其被滥用。

但是,一旦社会有办法阻止该权力被滥用,它就会希望捍卫该权力并确保该权力的行使不受任何打扰。必须由宪法来赋予每种社会权力以此种捍卫和保护。

此外,行政权力必须强大,因为该权力软弱即是法律和社会软弱。如果行政权力在其行使过程中很容易被阻止和扰乱,市民社会自身就容易走向无政府状态。

行政权正常行使的最大阻碍来自立法院或公民民兵组织内部的各种派系。宪法对这两种危险都有特别规定:第十条给予君主延长立法院会期和解散立法院的权力,第四十三条赋予君主解散民兵和国民卫队的权力。同时,君主有义务在立法院解散后的四个月内重新召集立法院,或在国民卫队解散后的一年内重建国民卫队,这些义务约束了上述权力。

延长立法院会期的权力还有另一个目的:使人民代表不必感到有义务为了完成任务而超时工作。

**第十一条　内阁长官可向两院提请立法,立法申请可向两院中的任何一院首先提起。两院中任何一院有 10 名代表申请,该院都可提请立法。在讨论和投票时,内阁长官的立法提案优先于其他提案。**

第十一条规定,内阁长官的立法提案优先,因为如若不然,两院中形成的某个派系可能向两院提出无数立法提案，并经由阻挠内阁长官的立法提案进程而妨碍政府的常规工作。

同理，需要 10 名代表提出一项立法提案。这也是为了不让毫无意义的立法提案浪费两院的宝贵时间。

立法提案可以提交给两院中的任何一院，这是遵循两院完全平等且每个立法院都代表相同数量利益的原则。

这通常也适用于税法和经济法，因为每个立法院都代表同等利益，它们代表向国家支付相同数量税收的等量财富（第三十条）。

**第十二条　只有君主有权批准和颁布法律。**

没有统一，国家就不会存在，而这种统一源自国家首脑。法律必须由国家制定。因此，它们必须由君主统领的人民代表来制定（第五条）。



君主给国家带来作为权力秩序原则的统一（第九条）。所有权力必须将秩序原则作为其首要原则。由此可知，即便法律也必须由君主批准，否则就会出现无政府状态。当失去统一性的社会权力不服从共同的中心时，就会出现这种情况。

此外，由于君主有义务执行法律，由君主来批准法律再合适不过了。这样，君主就不必执行其自身没有批准的法律，后者可能与其个人意志相背离。

**第十三条　君主专属行政权。**

行政权必须强大以可靠地维系社会秩序并执行法律。为了这一目的，将行政权赋予君主并诉诸我们之前述及的预防措施以防止其被滥用，这种安排是有益的。

**第十四条　君主是国家首脑。事关领土领海的所有权力都在**

**君主，其有权宣战，有权缔结和约、盟约和商事条约等。在国家安全和利益许可范围内就相关事项知会两院并发布恰当公告。涉及财政事务的条约非经两院许可不能生效。**

建立两院的目的是保护和恰当管理所有公民的真正权利，它们有责任确保不会不恰当地增加国家财政负担。因此，本条款规定，条约的执行会增加国家财政负担，其必须得到立法院的批准。

同理，也许也可以要求商事条约在缔约前必须提交两院批准。但这似乎会妨碍甚至剥夺外交谈判所必需的保密性。另一方面，授予君主的这一缔结商事条约的权力受本宪法第四十条的规制和限制，该条款规定："商业自由及工业自由是本国经济法规的基本原则。"

对君主能够缔结的和约，即涉及国家领土的和约，本宪法还施加了另一种限制（第八条）。

此外，国家确保君主缔约的权力不会被滥用，这就是君主有义务就缔约相关事项以恰当方式知会立法院——前提是国家的安全和利益允许这么做。这一安排使立法院有权检查并审查已缔结的条约，并在有必要时将负责的政府内阁长官绳之以法（第七条、第八十六条、第八十七条、第八十八条）。

最后，需要指出的是，当国家的统一采取本书附录中所列出的联邦形式时，本条款中赋予君主的许多权利就应由联邦议会代为行使，因此，必须对该条款进行适当修改。

**第十五条　君主依法对本宪法未予明确的岗位职位进行提名和任命，有权发行货币，有权发布对法律执行确为必要的命令和规章。但君主不得中止法律，中止对法律的遵守，抑或废除法律。君**

**主有权授予荣誉称号。**

本法能够预见的不必由君主进行任命的职位包括由人民选举产生的人民代表和最高政治法院法官(第五十一条、第八十二条)。

甚至可以要求下级政治法院的法官也由人民选举。但这似乎并无必要,因为那些法官依法律规定任命,这样就能够使其提名权不致被滥用。例如,法律可以规定,他们由君主任命,但任命过程受最高政治法院提名的三人小组监督。本条款对君主提名、晋升和任命官员的权力所施加的限制,大家需格外注意。

本条款规定,君主需依法提名和晋升官员。

尽管该限制对确保公共事务顺利开展至关重要,但它在诸普通宪法中都是缺失的。公共事务的顺利开展仰赖对任职者的英明提名和公正晋升。如果两者完全仰赖君主一时的兴致,国家不能确保其利益受到恰当保护。本宪法第四十一条的规定——“所有公民均可依其能力大小和适合与否而承担公职”——必须总是被执行。

所有人都知道诸君主的宫廷中偏私和请托盛行,政府各部门腐败遍地,共和国内结党弄权成风。另一方面,政府不同职位选贤举能非常困难。但是,在选任过程中,由集举国智慧制定的法律所确立的精准规范来协助君主,这是十分可取的。仅试举一例,谁人不知意大利的大学因无大才可用而陷入何等可怜且狭隘的境地!如果教授选任遵循普遍的规范,我们的大学将大放异彩。行政机关的所有其他部门也是同样情形。

**第十六条　君主任命的法官代表君主行使司法权。**

**君主有权赦免相关判决或克减刑罚。但非经两院之一明确提**

**请，君主无权赦免被定罪的内阁长官。**

司法权由法官代君主行使，因为行政权委托君主行使（第十三条），并且他还是国家元首（第十四条）。这等于说君主是所有权力之秩序的原则。

人们可能会提出质疑，不是由人民选举产生的最高政治法院代表君主行使司法权吗？对这一事实的质疑看似精妙，实则并不重要。对这一质疑作出肯定回答并不荒唐，因为君主本身不受侵犯，其人身甚至不受该最高法院管辖。选任最高政治法院法官，人民完全不是在选择其代表，而只是选择正义的使者——而人民崇敬君主，认为其是该正义的活的象征。无论如何，我们都觉得这一质疑无甚意义。

赦免权似乎与前一条款（第十五条）的意图相违背，该条款否决了君主终止对法律的遵守或废除法律的权力；但这只是根本法授权的一种例外情况，其他法律必须服从。在此情形中，是宪法创制了针对其他法律的例外情况。



宪法不承认赦免权是一种专断权力，其行使必须以公共利益或平等为目的，减刑的权利亦是如此。政府内阁长官责任制确保该权利被妥善行使，君主的所有其他行为也是如此。

涉及被定罪的政府内阁长官时，该权利受到限制，这一事实是内阁长官负责制这一规定的结果，因为如果没有这样一种限制，内阁长官负责制就会名不副实。很明显，国家宪法必须代表最高程度的忠诚和真诚。

**第十七条　君主及其子女的婚姻需由两院批准。**

皇室婚姻对国家意义重大。君主及其家庭成员要想担负起该职位所对应的终极职责，他们就必须委身国家，受此精神感召的君主就不会认为在其个人选择妻子或在其子女择偶时征求人民意见是种负担。在宪法体系中，君主是第一公民，其治下的人民利益也是其本人的利益。君主必须信任他的人民，人民也必须信任君主。君主和人民不可分割，同为一个国家。

这一安排也是国族所必需的一种保证。与外国家族联姻可能会破坏君主及其家庭的情感和习俗，由人民代表来监督君主及其家人则颇有裨益。

在其他时代，健全的政治思维和王朝自尊带来了这一传统，即君主只在其他皇室中选择配偶。构成欧洲公共法律传统之一部分的这一传统中所包含的政治观念是，防止将成为皇亲国戚的某个贵族家族权力过于强大而最终伤害其他公民，并危及国家和皇室。这些情形，尤其是以往任何时代不同于当下的所有形式的政府中卑鄙的暴君与其人民之间血腥的争斗，使我们认为有必要采取这一预防措施。

此外，在该体系中，君主的家庭被置于无可企及的高度，这使得君主的权威更加完整和受人尊敬。

在君主权力事实上是也不得不是绝对权力的时代，这也许是能够设想的最佳安排了。但这一做法与立宪制君主的态度不相容。因为如我们所言，立宪制君主只是一个国家的第一公民。如果他是公民，他与其他公民结为姻亲不会带来异化力量。君主接受宪法，他就向人民让渡了其部分主权，而其人民则享有部分主权者权力。因此，君主成为人民的姻亲，这毫不令人生厌。这种安排对国家和君主同样有益。

各国皇族的衰弱很大程度上需归咎于他们迫于传统的压力选择配偶的范围受限。众所周知,血脉融通能维系皇族并在其变弱时使其复兴。到目前为止,皇族婚配一直严格限于一定范围,现在应归还皇族在更大范围内选择配偶的自由。

在立宪制政府中,实行法治而非人治,因此不必担忧与君主结成姻亲的贵族的傲慢。宪法给那些统治者的傲慢施加了限制,如果法律有效,我们就能够确信它们足以抑制这种傲慢。

一位君主即便以家庭关系与其人民相联系,他也会更关心国家,因为他几乎会将其视为自己的家人,他也会以一位父亲的情感对待它。

此外,在那样的国家中,杰出的贵族将会崛起,他们会奋力使国家变得更为强大并受四邻敬仰。这样的贵族还将成为君主和底层民众间联系的纽带,当前,两者之间存在不可逾越的鸿沟;对君主而言这将是真正的支持,因为所有公民将形成一个完整链条。财富将从上到下流动,而不是如目前这样在社会金字塔顶部积聚,而且日甚一日,整个国家将更为和谐统一。

请读者原谅,尽管我不会下定论认为就上述问题给本宪法增加某一条款是审慎行为,但我想让读者来判断和思量我的主张。我只想补充,在国家必须选择一些新的统治集团成员的特殊情形中,让君主与该国最为杰出的贵族结为姻亲,没有比这更为紧密的联系了。但这并不意味着即便立法院认为恰当,也绝对禁止君主的后代与其他皇室结亲。如此一来,被邀请来掌握一国命运的外国人就会真正变成本国人。否则,谁能确信其所有姻亲都不是外国人?谁又能确定各君主家族在其内部不会形成一个国中之国——一个其特殊利益异于人民利益的集团？

这难道不是所有不公、所有专断的安排和所有旧时外交之罪恶的来源吗？

只有一个原因：一种纯粹的王朝外交。始自三百多年前，这种外交别无他图，只是为了最好地满足某些完全脱离人民的特权家族[①]的利益；这些家族被视为神灵，如果与凡人通婚，其血统就会被玷污。由此产生了这样一种理念，即构成现代公共权利的人民的利益与或战或和的条约无关。人民被视为几个统治家族的财产，他们如牛羊一样被分割。民族性被羞辱、亵渎和破坏。所有天主教人口受到异教徒或主张分宗的君主的剥削。换句话说，他们被四分五裂，以满足一半是天主教一半是异教徒的王朝的利益。同理，所有非天主教人口也被天主教君主统治。尤有甚者，我们意大利人必须遵守德国人、摩拉维亚人、波希米亚人和克罗地亚人的法律。如果我们想从这些外交安排中找寻什么理性或某种保证，我们就会被控谋反、叛国或大不敬。凭着这些条约的规定，统治者们用枪炮回应人民的呼喊。根据欧洲几个强大的君主家族间订立的条约所规定的所谓公共权利，正义变成了不义，人民的神圣权利被剥夺，他们反而成了不义者。剥夺和破坏那些权利的君主们成了世间唯一公正的人。这种状况何时终结？毫无疑问，答案是旧

① 1814年5月30日，法国和其盟国于巴黎签订的和平条约（即《巴黎条约》——译者）以之为据的原则是什么？其根据就是强权国家之间力量的公平分配。可将该原则简化为功利主义，而它于本世纪之初开始影响哲学。签约国的行动立基于下述假定之上，即它们完全有权在相互之间分配权力以形成某种均衡——就像它们坚信其是在解决机械难题而非正义难题。如此一来，人民必须像外交官那样去思考，并像锱铢必较的商人一样去让别人作出解释。

时纯粹的王朝外交让位给一种公正且真实的外交，即一种同样代表君主利益和人民利益的国家外交；君主和人民成为一个不可分割的整体。另一方面，两者间的这种统一比以往任何时候都更能拯救皇室免受采取复仇行动的人民的伤害。在将这些实情和盘托出时，我平等地对待人民的事业和君主的事业。

但我相信，要想实现这一目标，最快捷且合理的方式是使皇室不再是孤立于人民的集团。各皇室家族走下其野心勃勃但有害无益的神坛，与其他家族联姻，重新成为人民的一员，此举既承认了四海之内皆兄弟的普世福音，又享受了这一普世情怀带来的无上利益。

**第十八条　王位继承由最高立法机关确定，非经法律手段不得更改。**

由国家来确定王位继承，这与本宪法体系相一致。这也是对君主英明地使用权力的一种新的保证。

**第十九条　君主私产与他人财产同受法律保护。**

本条款是下述原则和事实的结论：宪政君主是第一公民，君主私产按照宪法第二十九条纳税，这对君主意义重大，因为这样在选举人民代表时他就获得了相应的干预权。

**第二十条　君主的继任者在继位时应向两院发誓遵守本宪法。**

所有宪法都会有这样一个条款。宣誓是一种宗教行为，一国首脑的这一宣告需具有宗教般的庄严，这恰如其分。

# 第 9 章　宪法第三章条文的原因分析

**第二十一条　君主的所有臣民都是自由公民。**

"公民"一词与立宪制政府不可分割，它不仅仅表征一市一地的成员身份，还表征着国家本身的成员身份。当下，所有公民都遵守共同的法律。本条款中的"公民"一词顺应形势和时代的要求。

我们还是可以区分一市或一省的法律与全国性法律。公民身份符合一部普遍宪法的精神特质，相同法律和相同国家元首治下的人，其公民身份不可剥夺。

公民权利可简化为两个方面：自由权和财产权。[①] 本宪法第二十二至二十五条、第三十三至四十条保护涉及公民自由的权利并规制自由权的形式。第二十六至三十二条、第四十一至四十三条保护涉及公民财产的权利，同样也规制财产权的形式。第四十二条和第四十四条则保护和规制上述两种权利。

**第二十二条　法院面前人人平等。**

这里我们所谈的是司法上的平等，必须将其与实质性平等作



---

① 关于将所有权利简化为自由权和财产权这两大种类，请参见《法哲学》，"衍生之权利"，第一部分，44—67、246—262、287—290。

严格区分。①

司法上的平等意指所有人的权利同等地不受侵犯,不论权利的所有者是谁。实质性平等意指享有相同数量和质量的权利。

宪法必须确保第一种类型的平等,也即它必须确立对所有公民之权利的平等保护。对拥有较多权利者和较少权利者都是如此。这种平等是正义的要求。

相反,宪法绝不能确立实质性平等。即不能规定所有公民都享有同样数量和质量的权利,因为这将意味着对正义的破坏。

这同样意味着对所有权利的破坏。如果我们承认存在某种权利,就必须承认该权利立基于其上的权利资格——所有拥有该权利者的权利资格都必须被承认。但那些财产较多或财产较少的公民的权利资格是平等的。例如,如果我们承认签订买卖合同之权利的权利资格,通过该权利资格获得数平方英尺地产者和成为大片地产所有者的权利资格并无二致。经由相同的权利资格,两者拥有的土地面积完全不同。因此,如果我们承认该权利资格是拥有较小地产者之权利的基础,我们同样必须承认它也是拥有较大地产者之权利的基础,因为权利资格是相同的。如果不是如此,公民的司法平等权就受到了侵害,因为法律变得因人而异了。我们将会承认一个人的权利资格成立而另一人的权利资格不成立。我们会剥夺人民的权利,权利将不再被承认,因为不承认人们权利立基于其上的权利资格,只是任意地赋予一些人此种权利,这不是对该权利的承认。如果拥有较大地产者的权利资格不被承认,拥有

① 《法哲学》(Ⅱ),2181—2187。

较小地产者之权利立基于其上的权利资格也不会被承认。在同一时间对同一权利资格既承认又不承认,这等于没有承认任何权利资格。正如我们所言,这是以任意取代权利。

因此,只要我们意图破坏实质性不平等,我们就无法维系公民司法上的平等,因为司法上的平等必然带来公民所拥有之权利数量上的不平等——而这事实上是实质性不平等。

因此,社会主义者、共产主义者和其他所有平均主义者都破坏了公民的平等权,即真正的合法的平等,也即司法上的平等,因为他们适用其原则和标准的方式不同。他们以任意取代了权利。

他们鼓吹实质性平等,贬低司法上的平等,以欺世盗名,这很容易;许诺其意欲建立的专制政府将偏袒人民,这也容易获得人民的信任。因此,破坏所有权利将导致最极端的专制。



符合正义原则的宪法必须反其道而行,它必须保证所有人的权利并保护所有公民司法上的平等。

本条款保证了这种平等,它规定,“法院面前人人平等”。

规定法院面前人人平等,不会带来如规定法律面前人人平等所带来的误解。事实上,法律并不是平等地针对所有公民的,许多法律只适用于某些公民,即适用于那些拥有权利资格的人。例如,有的法律规制行医行为,它们只涉及医生。因此,其普遍适用性专门针对所有医生,而具备必要品质的所有公民都可以成为医生。几乎所有法律都是如此:规制士兵、律师、旅馆经营者等人的法律。在这一意义上,法律面前公民不能人人平等;但法院面前人人平等,因为其不对公民作出区分,用相同的原则适用所有法律。

此外,主张法院面前人人平等,并不意味着专为某些公民建立的法院不能存在，前提是它们对实现所有人的正义确为必要。因此，可以有军事法院、私权法院、商事法院、宗教事务法院，等等。任何时候，人们都会认为，专为这些公民制定的法律最好由专门的法院来适用。这些法院不会也不应被视为例外，它们只是特别法院，因为它们适用特别的法律。

**第二十三条　个人自由应予保证。非经法律许可或依法定方式，任何人不得被逮捕或接受审判。**

市民社会之行为不得侵犯个体之自然权利和理性权利（第二条）。然而，时至今日，市民社会之行为如旋涡般席卷这些权利，如同一架无情的机器将其碾碎。我并非仅仅指称君主制，而是所有形式的市民社会。

因此，今后市民社会承诺保护那些权利，使其免受市民社会权力的盲目行为的侵害，这是合理的；而其中的一项承诺就是本条款规定的内容。[1]



**第二十四条　公民住所不可侵犯。若非执行法律或依法定方式，（警察）不得进入民宅。**

这是市民社会承诺的对国内公民权利的保护。市民社会永远不能妨碍国内公民的生活，它只能充当实现该目的的手段。[2]

**第二十五条　公民接受审判的权利不得被剥夺。**

不管是君主制政府还是共和制政府，如果其能够根据被告来

---

① 1841年出版《法哲学》时，我强调了非经法官审判而将被控某种犯罪的人像罪犯一样收监的不正当性。米兰的首席审查官一方面根据其常识告诉我我是对的，另一方面又警告说我在以书写对抗奥地利！参见《法哲学》（Ⅰ），1844—1900。

② 《法哲学》（Ⅱ），1588—1593。

变换法官和法院，法院面前人人平等（第二十二条）就不再成立，司法上的平等也将受到损害。

同理，政治权力会通过将人民分割成法律面前的不同阶级来影响司法裁决。为了去除这一危险，本宪法也确立了司法独立于行政（第八十条）且法官不能被开除（第九十一条）的条款。

**第二十六条　迁徙权是一项自然权利。如公民要求出境，不得被拒绝。**

直到目前，各国政府都在以不同方式侵害公民迁徙和迁出的自然权利；也即迁出自己所属之市民社会的权利。

对该权利的侵犯源于视公民政府为领主制政府。[①]

当前可以明确的是，基督教已使国家成为市民社会国家，并了结了其中的领主制成分，后者的源头要么是暴力的，要么是异教的。



被基督教解放了的人们重新开始行使其自然权利。上帝将地球托付给人类，每个人有权随意迁徙，并且除非某地已被其同胞以恰当的权利资格取得，否则他可以在任何地方建筑居所。

以国家安全为借口，各国政府颁发护照并将其用作专制的工具，千方百计禁止或阻挠公民合法的行程和那些对其教育和利益至关重要的行程。

甚至连公民迁出的权利也不被承认。如果一人在某地和某政府治下出生，就要求其必须永久归于该市民社会，这是错误的。每个特定的市民社会都必须来去自愿。当某一公民不愿留下，其有

① 《法哲学》（Ⅰ），1630—1639。

权离开，而这一要求必须被满足——前提是其必须放弃该社会的各种有利条件并履行其与该社会或该社会之盟友所约定的特殊义务。

**第二十七条　所有财产不容侵犯。如果法律确认的公共利益要求之，且依法作出公正赔偿，强制征收并非侵犯财产权。**

本条款宣布所有财产不容侵犯，所有宪法都应承认这一点，这显然是公正的。然而，有的法律至少是间接地侵犯财产权并因此违反宪法，而公民则没有上诉的可能渠道。事实上，有些宪法本身的许多条款及其所带来的无可避免的结果破坏了财产权的完整性。

如下文所述，如果宪法没有保证所有财产在立法院中被合比例地代表，上述情形就必定会出现。这是那些法律使人民不满并导致争斗不断的真正原因。



除非我们接受合乎财产比例的选举权，否则被写入宪法的财产的不可侵犯性不是也不会是一个既成事实。等权重票决本身即是对财产的侵犯，因为，如我们接下来所表明的，票决权必须被认为是一种附属权利，它是财产权的一部分。因此，赋予所有选民权重相同的一票，宪法就会自相矛盾，并且也违反了其关于财产不容侵犯的条款。它为以法律途径侵犯财产权埋下了祸根，我的意思是，之后对财产的侵犯将假法律之手完成并受那些法律的支持。理念上的冲突必然带来事实上的冲突——以令人不安为开端的冲突最终会走向革命。

在如此败坏的宪法下产生的立法院中，法律万能的致命信念——也即以法律手段实现的立法者万能的致命信念——将会蔓延。在此信念作用下，利用立法院通过且为君主批准的法律侵犯财产就不再被视为对财产的侵犯。获得财产的可能性必须向所有公民开放，以使他们能够以其辛勤劳动和聪明才智致富，这理所当然。但同样理所当然的是，在公民以法律所确保的完全自由的行为合法地获得财产后，必须保证其财产安全且不受侵犯。在此，我将重申，如果选举时选民不享有与其财产成比例的投票权，这一点就不会实现。

为了理解这一事实，我们应该撇开抽象概念并沉着冷静地思考。

当一个小偷偷了一个钱包、洗劫了一栋房子或抢走了别人的衣服，每个人都知道这是偷窃行为。但如果开设一种赌博游戏，如lotto数卡牌戏，rolina，bassetta，faraone* 等，在其中，庄家获胜的几率数千倍于玩家，并且赌注的真正价值比前述小偷所得赃物的价值大得多，有多少人能明白无误地识破这种隐秘的盗窃呢？又有多少人能理解，这种赌博游戏太过不平等以至不公正呢？大众——许多人甚至并非普通大众——中了圈套并丢了钱财。他们一心想着有可能赢。但他们没有算计输赢的几率对他们不利，并且即便他们清楚其输钱的几率很大，也并不害怕，因为他们希望能够避免输钱。但如果你问一位数学家，他会告诉你更大的几率具有真实价值，它与输钱的确定性相对应。因此，良善的法律认为这种游戏不公正，视其为欺诈和盗窃。有多少可以用来窃取他人财产的手段和陷阱呢？问问篡夺者就知道了。很多表面看来童叟无



* 这些都是当时意大利的赌博游戏。——译者

欺的契约，若深究其本质，我们都能从中发现巧取豪夺的伎俩。你会发现许多没有正当权利资格而获得他人财产权的诡计。这样的劫掠还不会引起被剥夺者的憎恨，唯一的原因是他们愚蠢无知，并且没能看到陷阱所在。

如果如本宪法第二十七条所规定的，所有财产不容侵犯，社会最好采取行动捍卫所有财产，不仅要提防公开且显见的盗窃，还要提防隐秘狡猾且能掩住不懂算计者（公民中的大多数皆是如此）耳目的盗窃。

如果一个市民社会恰如一个巨大的赌场，一些公民是注定赢钱的庄家而其他人会输得倾家荡产，你将作何感想？

我接下来将表明，所有采信法国式宪法的市民社会正是如此。我将表明，那样的市民社会不过是有组织的盗窃。我的演示具有数学上的肯定性，因为它立基于对概率的计算。



我们可以将“所有财产不容侵犯”这一条款从宪法中删除；而若要保留之，我们就必须使其名实相符。为实现这一目的，我们必须如此配置立法院，使其永远不会以其通过的法律偷窃别人的财产。要实现该目标，最好在立法院中每份财产以及财产的每一部分都能发出自己的声音来捍卫和保障它，财产的每个部分均享有被保护且不受侵害的平等几率。

如果有办法——不管其多么隐秘和精巧——以某种借口（即便借口就是现行法律或受其支持）侵犯权利而不受惩罚，[①]这些权利就不是真正不可侵犯的。

① 《法哲学》（Ⅰ），1700—1703。

根据本条款所列之条件为了公共利益而强制征收并不是财产权不可侵犯这一原则的例外情形。而到目前为止意大利颁布的诸宪法中,有些就给出了财产权不可侵犯这一原则的例外情形这一概念。[①] 本条款所规定的强制征收不是该原则的例外情形,其原因在于,强制征收只不过是以一种价值替代另一种相等的价值。因此,根据本条款的规定,我们只是变更了权利的实现方式,而没有改变该权利的内容本身,并且这种变更不能超出市民社会的权限。[②]

**第二十八条　涵盖子虚乌有之各方的信托行为,法律不予承认。**

根据本条款,尚不存在者不能获得权利这一法律原则被确立。

强调该概念以阻止对财产自由交换的妨碍,这颇有裨益。正如我们已经提到的,宪法必须完成两个任务:一是去除任何妨碍财产根据理性原则和自然原则自由流动的障碍,[③]二是防止有人不顾财产权自身的要求以任何理由篡夺或侵犯财产。

这两项任务中的第一项旨在针对不公正的贵族制——换句话说,骄横的富人想要永远将财富据为己有。第二项任务则针对不公正的民主制——换句话说,骄横的穷人意图窃取富人的财富。让我们既不仇富也不骄贫。任何人都不应被仇恨,而正义则属于所有人。不富有的人可以变得富有,但必须以公平的权利资格实



① 《托斯卡纳法典》(*Statuto toscano*)第八条规定:“所有财产不容侵犯,除非为了法律许可的公共事业进行征用,并事先作出赔偿。”

② 《法哲学》(Ⅱ),1586—1591。

③ 《法哲学》(Ⅰ),1446—1448。

现,且不能假以暴力和欺诈。富人也可以变穷,同样必须以公平的权利资格实现;但如果没有公平的权利资格,他们就可以安全地保有其不动产和动产。市民社会若不遵守这些规范,它就不会自由,因为它没有学会公正,它因此既不和平也不幸福。

只有在本条款中,我们说在法律上承认信托行为并不是为了允许家庭成员自由遵守作出信托行为的父亲的安排,并以此方式尊重家庭权利。[1]

本条款没有破坏拥有财产的自然权利,永恒社会中也有这一权利。[2]

像所有其他权利一样,市民社会必须承认并拥有这一权利(第二条)。如果其不承认该权利,它就会自相矛盾,因为它也是永恒社会的一员,[3]并且如果其不承认该权利,它就等于宣称自己无法占有和支配。

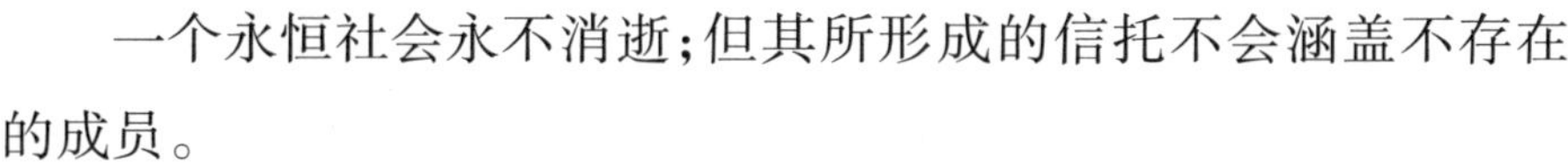

一个永恒社会永不消逝;但其所形成的信托不会涵盖不存在的成员。

一位新成员加入一个长久存在的或永恒的社会时,只要其加入该社会的做法符合该社会的目的和该社会的法律规定,该加入行为即成为一种司法上的权利资格,经由该权利资格,新成员有权享有与该社会相关的个人利益和自然利益。

但如果一个长久存在的或永恒社会的成员们订立了一个约

---

① 《法哲学》(Ⅰ),1449。

② 《法哲学》(Ⅱ),444—448。

③ 同上书,1630—1639。

定，规定社会可以取得财物但却不能出售或改变其已取得之物，结果会怎样呢？

这样一个约定将妨碍财产的自由交换。然而，这虽然给了政府撤销此类约定的权利，政府却无权禁止此类约定，因为它并不违法，其只是在行使财产权这一自然权利。但政府却不应承认它，应该对其视而不见。如此一来，公民就无法在法庭上提起针对此类约定的诉讼。在如此情形中，法院会承认财产的出售、捐赠以及该社会对其所做的一般意义上的变更，就如该约定从来不曾达成一般。以此种方式，政府会挽救对所有人都有用的使财产自由流动的原则，同时还丝毫不会侵犯诸自然权利和超社会权利。

过去，政府给了教会一种虚假的保护，以此种保护为前提，政府篡夺了对教会财产的管理权——政府没有公开窃取该权利。这种虚假保护往往使教会及其他宗教机构的财产固定不变且几乎不能转让，为这些财产的自由流动设置了重重障碍。政府要想真正保护这些财产，就必须反其道而行：使这些财产也能自由流动，在教会认为适当的时候，它们可以被转手。教区牧师享有的财产尽管有时看似是种浪费或耗散，它们却远非对公共利益的侵害；相反，事实证明它们是有利的，并且其自身足以消除教会财产滞塞可能带来的问题和现在正在带来的部分问题。①

---

① 让我们称赞利奥波德二世（Leopold Ⅱ）。他在 1848 年 3 月 30 日与教皇签订了协议，并将教会的一部分自由归还教会，其中第十四条归还了教会管理教产的自由。但该条款的最后一些字眼充斥着教会必须服从但却并不乐意接受的、远古的、并不明智的政府保护（“非经君主事先批准，教产不能转让，也不能有长期场所”）。世俗权力以保护为名，实际上侵犯了教会对教产的管理权，这使得教产无法流动，从而对其造成了巨大危害。如果有人想知道情形何以如此，请参见《神圣教会的五种创伤》第 5 章。

**第二十九条　非经君主批准，任何人不得接受他国给予的奖章、头衔、年金和工作。**

本条款的目的是进一步保证国家的独立地位。本条款关于与工作无关的个人获利的规定可能颇具争议。

人们可能会问：有什么能保证主权者不会滥用该权力剥夺某一公民可以合法期待的利益？该公民的权利是否受到伤害了呢？

首先，我的回答是，我认为本条款并非十分重要，因为我相信，没有这一条款，本宪法的其他条款也足以保证国家的独立地位。

同理，我也赞同给主权者施加相应义务，如果其确属必要。该义务就是，在禁止公民接受源自外国的荣誉或利益前，咨询某个特别评判组或委员会，并根据其意见作出决定；如有可能，用其他方式保证国家的独立地位。

但同时，我认为君主不太可能想要滥用该权力，因为其自身利益和其高贵的灵魂都使其更乐于帮助公民，而非以不公正和不当的压迫来使公民感到厌恶。同时，我也相信，一个国家必须表现出对其首脑一定程度的信任，而不是将该原则推向极致，并要求对君主的每个行为（即便是不怎么重要的事情）都必须严格地采取预防和保障措施，因为这只在更为重要的事情上有用和必要。在该情形中一如在所有事情上，我们必须铭记下述格言：过犹不及。

有必要先获得许可，再接受外国政府给予的工作，这是毫无疑问的。因此，法律必须规定，那些不经许可而接受外国政府工作的人，其公民权利和政治权利必须暂停行使，或者根据相关情况剥夺其公民身份，这等于说将他们排除在其所属的市民社会之外。

**第三十条　所有财产依其收益承担国家税赋。**

本条款的正当性无需证明，因为其源自普适的社会法则。[①]我们说所有财产均需承担国家税赋，排除任何豁免情形，这是公民法院面前人人平等的要求。

不难理解，税赋需根据各财产的收益而非财产本身来征收，由于税赋年年征收，它们必须被认为是各种财产必须承担的一种无利息的年金，这是一种从那些财产的收益中收取的一种平衡性资费。

然而，需要重点考虑的是，本条款确立了管理国家财政的基础。

一般而言，所有宪政国家似乎都承认这一点。但当我们考察涉及本条款之适用的实际情形时，我们发现，和其他许多条款一样，本条款仍是个谎言。



到目前为止，国家财政的管理没有遵循严格的平等和公正原则。它们几乎只是出于国家功利的考量。国库被以一种最为容易的方式填充，它最少考虑征税对象并且尽可能少地破坏工业和商业。该方法背后的理念是优秀的，但它必须服从公平分配这一正义原则，也即完全遵守该价值。

就可能的完全遵守而言，这样一个显见的正义原则没有成为事实，原因有二。一是上文已经述及的每人平等投票带来的恶果，这种安排使得制定财政法规并确立征税额度的代表们对所有财产的平等保护不感兴趣。因此，他们往往让某些财产而非其他财产承担税赋，并且自我认定他们这么做完全合法和公正，原因仅仅是

① 证据可见于《法哲学》（Ⅱ），1686。

他们是假法律之手完成此举的。

二是分摊税赋,使其真正平等地从所有财产的收益中征得公正的合乎比例的份额,这极其困难。

我们简要地说明这两个原因,先从第一个开始。

我们相信,只要一国的选举制度奉行平等投票原则,公共税收的征收和分担就不会公正。由于平等投票制度不会给该国带来任何保证,我们甚至不必期待该国税赋的征收和分担中有正义可言。我们这一信念的证明如下。

平等投票权制度可分为两种:一是普选制,二是为选民施加财产资格限制。

我们在后文中将证明所谓的普选制名实不符,认为这一制度赋予所有公民选举权也是极端错误的,因为它的名称极具欺骗性。我们将充分证明这一点,我们也将证明我们所主张的制度更接近于真正的普选制。但就目前而言,我们假定普选制是真正普遍的。



给予拥有一定数量财产的公民的平等投票权是什么呢?它包括什么内容呢?它是一种制定法律的等量权力,这些法律适用于所有拥有特定数量财产的公民,而不论这些财产所拥有的较大或较小的各种权利,因为财产代表其拥有者。

作如此假定后,普选权是什么呢?它都包含什么呢?它是一种制定法律的等量权力,这些法律适用于所有公民,不管他们所拥有或代表的权利的大小。

情形即是如此,选举权意味着制定法律时的一种影响力和某种程度的权力,并且投票权平等,这些是所有革命者都接受的不容置疑的真理——大众在情感上也接受这一点。事实上,为什么人们渴望选举人民代表时投票的权利呢？为什么还没有这一权利的人如此激烈地斗争以获得该权利呢？为什么为了解决该问题不仅出现了争论，而且还有暴乱甚至屠杀？显然，因为拥有该选举权很重要，如果不是该选举权影响对人民代表的选择并因此影响人民代表们制定的法律，为什么又会如此呢？

因此，我们必须承认下述无可辩驳的政治公理：每个公民在立法中的影响力与他选举负责立法的代表时的投票权成正比。

根据该公理，我们立即可以得出我们已经提及的两个结果：

第一，在普选制度中，每位投票人（不管其拥有的权利内容如何）在立法中享有同等权利。

第二，在设置特定数量财产限制的平等投票体系中，每位满足条件的公民（不管其财产的数量多少）在立法中享有同等权利。



考虑这两种选举制度在制定涉及公共税收的特别法律时所能带来的结果，我们认为，以上述两种方式之一确立的立法院永远不会制定出涉及公共税收的公正法律，因为永远不会根据宪法确立的前述社会正义原则分摊税赋，该原则就是："所有财产依其收益承担国家税赋。"

该原则只会是纸面上的漂亮说辞，永远不会成为现实。它将是个谎言，而非事实。

即便我仅认为，采用上述两种选举制度的国家无法确保投票及税赋分担的正义性——当然，该国有理由对这种正义性的缺失感到恐惧——我还是会得出同样的结论，因为无法保证这种正义性等同于滥用权力，而可能的破坏等同于破坏。

我先来论证普选制这一假定。之后，满足财产限制条件的公民拥有同等投票权这一制度就容易说明了，因为同样的论证可适用于这两种制度——当然，后一种制度还有其他缺点。

在普选制度中，所有公民不论其财产状况如何，在确立税收的法律中拥有同等的影响力，这就决定了那些法律中的税赋分担情况。

很自然，每位公民都倾向于使自己的税赋负担尽可能地小；其自身利益的强大驱动力促使其如此。其自身利益一般会使人们倾向于让自己而非别人受益，难道不是如此吗？否认这一点等于否认日常经验，等于否定显见的事实。世界上各种私人及公共领域的不公来源于哪里呢？当然是源自人们的自我利益。用更为一般化的词语来说，就是源自我们每个人的自私自利。这种倾向非常强烈，它使人类深陷不义，甚至连最为严格的刑事法律也不足以完全阻止这些不正义和各种犯罪。当人们受其自身利益的驱使变得不公正而不用担心受惩罚时，我们还能指望他们远离不义吗？当其受公权力保护并且享有完全的法律权利资格时，他们可以自由地作出不义之举，我们又能如何呢？在存在绝对权力的制度中会有这种缺陷，这已被举世公认——正是为了避免这一缺陷才要制定宪法。

普遍且平等地选举人民代表恰恰把公民中的多数置于这一困境中。他们可以在法律制定过程中合法地为其自身利益而践行不义。他们可以以国家最高权力即立法权的名义来多行不义，并且在法律上人们还无法归罪于他们，因为这种制度中的国家被认为是正义之源。他们所构成之社会的法律一贯被认为是正义本身。

现在，情形就是如此，任何想要进行客观思考的人都应明了下述事实:在欧洲多数市民社会中,拥有大量财富者至多仅占人口的四百分之一,拥有均值财富者仅占人口的百分之一。[①] 从这组数据中我们就能得出普选制的合法后果,在确定和分摊税赋时,那些拥有最多财富的人只能投一票——而他们的反对票则多达399张,那些拥有均值财富者能投出4票,而其反对票是396张。如果假定拥有大量财富者也支持他们,他们的票数也只有5张,反对票是395张。小产业主和无产者针对拥有大量财富和均值财富者所形成的多数足以证明,在普选制体系中,制定涉及税收的法律时完全会遵循小产业主和无产者无拘无束的想法。因此,这些人实际上是制定税收法律时的权力持有者,这等于说人们可以每年从所有公民那里征收必要的数额(更准确地说是立法机关要求的数额)以支付国家用度。小产业主和无产者制定大产业主和中等产业主在纳税时必须遵守的法律,不管该法律内容是什么,同时,后两者还没有能力影响和制定该法律,甚至在该法律被制定后也投诉无门。



现在我要问问任何有公正心和常识的人:这不等于是让399位小产业主和无产者掌握富人的财富吗?小产业主和无产者被选举法置于这样一种情形之中,在其中,他们可以完全服从其为了自身利益的冲动而不会受到惩罚,他们让比其拥有更多财富的人承担其违反正义的代价,难道不是如此吗?他们这么做还是代表国

① 我们以法国为例来进行这一计算。在法国,土地财产比意大利分割更为严重,更远甚于英格兰。因此,在欧洲其他国家,相对于拥有中等大小土地的产业主和其他人口而言,大地主的数量更少。

家并且其行为具有最大限度的合法性,其行为不仅免责而且拥有立法者的权威,他们真的可以这样做吗?当小产业主和无产者可以任意处置富人的财产,宪法第二十七条所规定的公民的所有财产不容侵犯还有什么意义?该条款难道仍是个弥天大谎吗?我们有什么措施能够保证情形不是如此呢?

假如我说我信任多数小产业主和无产者的正直,我相信没有多少普选制的支持者会反对我。但如果我们可以如此信任人们的正直和无私,那就没有必要诉诸任何保障,也无必要制定宪法或组建人民可参与其中并介入管理自身利益的政府。我有上述提问,是因为我很清楚地知道——我们的经验已经表明并且每天还在继续表明着——人类没有如此高度的美德,因此,有必要减少对人民的诱惑,使其不至于为了满足自身利益而对其同胞不公,至少不会损人利己而不必承担责任。

我能轻易说服反对我的人,让其看到他们的错误,因为我能够表明他们自相矛盾。当面对放弃其制度的想法时,他们为何会如此抵触呢?如果我们提出用另一制度来替代他们的制度,该制度走向另一个极端,它只赋予大产业主选举权,为什么他们会不高兴而且理应不高兴呢?难道他们不会争论认为——如我所言他们理应如此——人民被牺牲掉了,小产业主和无产者受到了压迫和压榨,他们承担了国家的所有负担?当然会是如此——但为什么呢?因为在这种情形中,只有富人来征收和分配税赋(当然还包括其他事项——但我们这里主要讨论税赋)。如此一来,如果我回答说你们必须相信这样选举产生的代表们的正直,我的反对者们会满意吗?他们丝毫不怀疑那些代表会秉公办事、博爱仁慈?那些代表们代表国家,因此这些税赋是国家加之于国家之上的？这样的回答难道不是一种侮辱吗？我当然不会给出这样的答案。

那么,让我们换位思考:如果你不想要这样的答案,你自己就别给出这样的回答。如果你认为由贵族口中说出的这一答案不公正,那么即便是你自己给出的答案,你也应该承认其不公正。如果较小的财产不容侵犯,那么也应该承认基于相同的理由和相同的权利资格,大的财产同样不容侵犯。

但历史已经很好地解释了普选制如何形成及其原因。其诞生遵循主导自然界及人类社会的法则,即每种作用都对应着反作用,直到多轮作用及反作用不断降低了强度,才会出现平衡。根据该法则,社会先是走向一个极端——当其意识到这一点并经历了糟糕的结果后——不是走向折中,而是走向另一个极端,这事实上就是反作用。

从中世纪到法国大革命时期,社会处于不公正的贵族制这一极端。大庄园主制定法律并因此确定税收,国家的其他所有义务都无情地落在其他人肩上。这种残忍且漫长的不公正激起了受压迫者的憎恨,他们摆脱了这种不公正的束缚,但却没有意识到自己走向了另一个极端。之所以说他们没有意识到这一点,是因为我假定所有人都心存善意。宪法确立的平等的个人投票制度,就其内在实质而言,这只不过是对中世纪的报复——一种以法定形式呈现的报复。现在,小产业主和无产者告诉大庄园主,“到目前为止你们一直在压榨我们,现在我们也想压迫你们;你们随心所欲地制定法律,从今往后,立法权归我们了,我们也将随心所欲地立法。”

要想确信事实就是如此，看看英国 1838 年时的情形就足够了。该国比任何其他国家都更依赖中世纪的贵族制习俗，成为下院议员的资格要求是：乡村议员需年入 600 英镑（15 000 法郎），城市议员需年入 300 英镑（7 500 法郎）。在如此高额的财产限制下会发生什么呢？其结果必然是：地主制定专门对其自身有好处的法律。《谷物法》几乎禁止外国粮食的进口，使得粮食这一第一必需品极端高昂的价格得以持续，因为英国地主在售卖谷物时没有任何竞争；更有甚者，他们的土地几乎不用纳税！英国地主不必为土地支付任何费用，没有市政税，没有财产交易税，也没有继承税。简言之，英国财政总收入是 5 200 万英镑，其中间接税不少于 3 800 万英镑，而来自土地包括皇室地产的直接税则只有 153.2 万英镑。[①]

有段时间，欧洲大陆的情况与英国类似，甚至更为糟糕，当时整个欧洲都在征服者贵族的重压下哭喊。甚至到 1789 年，在法国还有多少享有特权的财产不必纳税呢？所有的大地产都不用纳税。这是臭名昭著的巨大不义。

现在我们翻过历史的这一页，观察一下相关的反作用。法国大革命以宣扬人民主权开端，而人民主权是一种模糊的表达，没有确切含义，[②]这与那一时代的所有其他表述并无二致。它们都是无政府主义的表述，因为它们假定主权先于社会组织而存在。这些表述保留了主权这一古老概念，因此，它们只是将古老的君主专

① 《法哲学》（Ⅱ），272。

② “人民主权”这一表达除了下述含义外没有别的真正含义：政府而非主权根植于人民之中，根植于家长之中，只有建立了政府，主权才能存在。参见同上书，1700—1710。

制转化为人民专制，事实上是平民专制。因此，大众被赋予了君主般的无上权力，但有一点不同：君主的行为总是受制于其所面对的人民的力量，而人民的无上权力则完全没有限制，因为君主的力量已经湮灭。我甚至不想讨论他们侵犯财产，将教会财物据为己有——它们最容易遭遇洗劫，因为它们毫无保障且面临最大危险——我也不再提及其他无数侵犯财产的事件。如果遵循财产主人的意愿，如果其他人没有权力将黑手伸向所有者的财产而是安分守己，那些事件当然就不会发生。假如产业主们能够发声，假如他们受到平等保护，情形会是如何呢？毫无疑问，国家的需求将会被满足，所有债务将被公平地偿还，还不会出现流血事件，因为这对所有产业主都一样有好处。假如金融业得以恢复，这对所有人都有好处；如此一来，所有借贷会被毫无代价地结清。但最初，贵族、皇室和教会因长久拥有权力所产生的偏见而反对这一概念。大革命发端于一个正义的行为，即消灭特权和税收豁免权。但当大革命手握作出正义行为的权力时，它感到有了这一权力，它就能做更多事情而不用承担责任，它可以随心所欲地制定法律并使正义成为任其驱使的工具。“所有财产依其收益承担国家税赋”这一原则没有被采纳，实践中该原则被彻底忘记，取而代之的是最为便捷的权宜之计，劫掠能够到手且最容易到手的财物，放过法律制定者们的财产，而后者是唯一不容侵犯的财产。这一事实显然是真的，因为涉及分担税赋的正义原则在当时的争论中甚至都没有被严肃地提及，当时，社会中享有最多特权的人说大家应该慷慨，而最没有特权的人则认为这是劫掠。可能最为公正的折中路线则没有人认真提及。最为慷慨的是牧师，正因如此，他们被最早且最彻底地劫掠。更糟糕的是,他们成了领取薪酬的公职人员。因此,这里一方面是犯罪,一方面是复仇,革命激情四射而正义则不见了踪影。大革命中只有一人在冷静且深刻地思考,此人就是埃贝·西耶斯,所有人都称赞他,但没有人追随他。

法国之后发生的事情我们撇开不谈,让我们思考个人代表取代真实代表对之后数十年的影响。也就是说,将选举投票给予个人而非财产。最终,征收税赋的立法权落到了小产业主和无产者手里。这一影响既见之于该国的思维方式,也见之于该国政府的行为。

法国人民的思维方式深受大革命所确立的这一原则的影响——换句话说,每位公民,不论其财产多少,在选举人民代表时拥有同等权力——其结果是创制了至今仍困扰整个世界的那些社会主义和共产主义制度。但这是必然发生的。社会主义和共产主义是选举人民代表时平等普选的合逻辑的结果。因为如果选举权是正当的,那么如下情形也是正当的:小产业主和无产者有权染指富人的财产,并按照其认为恰当的方式处理这些财产,而不会有任何形式的控制或限制。如果这是正当的,那么将财产平分,从富人那里拿走一些交给穷人也是正当的。因此,小产业主和无产者所期望的对更富裕公民之财产的任何处理都是正当的。质言之,这就是社会主义和共产主义。

当我们考量小产业主或无产者建立的政府在涉及税收方面的所作所为时,我们看到,税收无限制地增加,因为在这一困局中,支付最多税金的人并不制定法律。因此,这样的政府并不是其所承诺的花费不多的政府。事实能够证明这一作为后果的真相。之前法国税金从来没有超过15亿法郎,而在上述政府治下却达到了这一额度。

假定存在这样一个原则，不管每位公民享有的权利数量如何，其在立法权中必须拥有等量的影响力，那么确立选举时的财产限制就与该原则相矛盾——而矛盾不会持久。法国要求普选是合逻辑的，而最终也于 1848 年 2 月经由最后的革命实现了普选。

对通过此种选举方式产生的新立法机构，人们了解到的相关事实仍然很少。但是，我们经由推理可知，在一个自由的国度，如果一个制度能够因应正义诸原则，它就必须规制税收；根据该立法机构为数不多的举动，我们能够推演出它真正乐于做什么。

一个获得了其自由的国家在税收方面有三个规制原则，这是举世公认的政治公理：

第一，国家自主征税；其含义是且只能是——税收的大部分需获得纳税者的同意。



第二，财政中有节约的问题；但税收必须尽可能低，并关注国家需求。

第三，税收应毫无例外地由所有财产共同承担，并基于财产收益征收。

这三个原则中的第一个需要一些解释。该原则主张，国家自主征税，至少其税收的大部分需得到纳税者的同意。事实上，如果税收的大部分得不到纳税者的同意，并且只有向国库交纳较少税收者同意征税，主张国家自主征税之说就荒唐透顶。在任何征税体系中，不可能使所有纳税者总是赞同所有税收；只要大多数税收得到纳税者同意，就足以使我们主张国家是自主征税。但如果最大份额的税收违反纳税者的意愿，其他公民的意志强迫其交纳税金，说国家事实上自主征税就是露骨的谎言。

现在，我们看看法国普选制体系中，是否可能做到大部分税收都得到纳税者的同意，还是他们根本没有同意，只是奉命行事。如果大多数税收得到了纳税者的同意，我们就可以说是国家在下令征税。如果这种同意不存在，或者其根本不可能存在，那么我们认为，主张国家发布征税命令就是个露骨的谎言，事实上，整个国家都处于一个专制政府统治之下，国家只是接受了该专制政府发布的税法，就如同过去人们接受了君主专制政体。不被形式欺骗，从事物的实质中找寻真理，这才是明智的。

为了简化我们的计算并使其更为清晰和明确，我们将仅计算地产税。到目前为止，这是最为常规的税种。

在法国普选制体系中，我们假定投票选民有 1 000 万。[①] 其中，15 万人[②]是大产业主，他们占有四分之一的土地并交纳四分之一的土地税，其他 985 万人是中小产业主，他们拥有四分之三的农地并承担四分之三的土地税。因此，1 000 万选民通过其代表确定税赋，每位选民拥有相同的影响力。



---

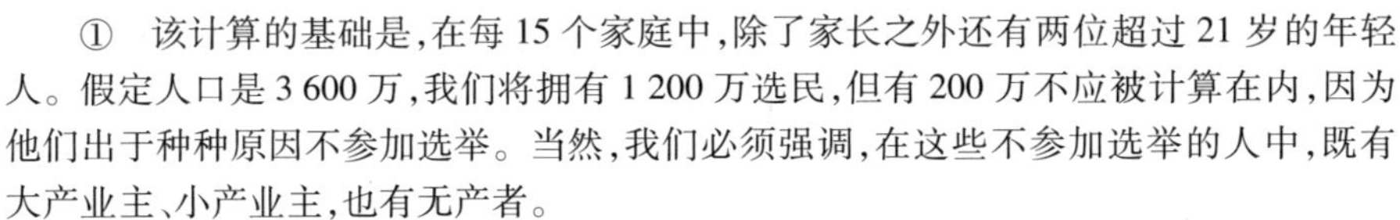

① 该计算的基础是，在每 15 个家庭中，除了家长之外还有两位超过 21 岁的年轻人。假定人口是 3 600 万，我们将拥有 1 200 万选民，但有 200 万不应被计算在内，因为他们出于种种原因不参加选举。当然，我们必须强调，在这些不参加选举的人中，既有大产业主、小产业主，也有无产者。

② 我们进行这一计算的基础是，在法国，四分之一的土地为大地主所有，他们有 90 000 家。这一数据源自法国最好的统计师。根据这一数据，将有 90 000 名家长和 12 000(90 000×2/15)名达到法定年龄的孩子，事实上我们将拥有 16 万选民(原文如此，疑误。——译者)。如果我们仅考虑法国最大的产业，其选民的数量会更少，我们的论辩会更为显见。但我们将最大的产业主限定为平均拥有 300 英亩土地的人。我们假定，所有 15 万产业主都参加投票，事实上由于已知的原因，并非所有产业主都参加投票。我们此前假定每 1 200 万选民中有 200 万不能投票，即六分之一不能投票。因此，从15 万选民中扣除六分之一，产业主选民将仅余 12.5 万人。

如果要使支付四分之一税收的15万人在确定税赋时拥有四分之一的影响力，而其他支付四分之三税收的985万人拥有四分之三的影响力，那么，每次确定税赋时，大多数税赋需征得纳税者的同意。只有如此，我们才能说整个国家自主征税。这很明确，因为财产自身拥有投票权，多数票意味着多数财产。真实投票制度能够做到这一点，在其中，投票影响力与每人支付的税金成正比。

但像法国的这种普选制则会得到完全不同的结果。实际上，缴纳四分之一税金的人，即作为大产业主的那15万人，他们在议会中不是拥有四分之一的影响力，而是仅拥有六十六分之一的影响力。因此，他们有1张支持票和65张反对票。[①] 而那些支付四分之三税金的人，如果将税金分作66份，其实际支付48份，而其有权赞同其中的65份。换句话说，他们同意了其实际支付的48份，同时同意了其并未实际支付的17份——最终，这17份由大产业主支付，这没有得到后者的同意，甚至违背了其意愿。所以，很明显，每当我们召集一定数量的小产业主和无产者，最终他们只需支付66份税金中的25份，因为只要他们的个人选票占多数，他们就能够制定通行全国的税法。对他们支付的那25份是如此，对他们没有支付的41份亦如此。[②]

① 事实上，这15万选民仅占1 000万选民总数的近六十分之一。

② 支付总税金四分之一的这15万人拥有66张选票中的1张。支付四分之一税金的另外三分之一的人拥有21张选票，也就是五分之二。这些选票与前者的选票合并，共计22张，五分之二，它们支付了总税金的一半。另外一半税金由43（疑为44。——译者）张选票的投票人支付，也即五分之一（原文如此，疑为五分之三。——译者）。因此，如果44（疑为34。——译者）张选票支持立法，那么很明显，只支付稍多于八分之三税金的人因为拥有多数选票而强迫支付略少于八分之五税金的人违背其意愿。这等于说，拥有八分之三财富的人将手伸进了拥有八分之五财富者的口袋。

那么,如果66份税金中有41份没有得到纳税者的同意,甚至其意愿被违背,并且没有申诉的可能性,我们怎么能够认为是国家在自主征税呢?我们怎么能认为该国家是自由的呢?在这样的“自由”之下,多数税赋被无需缴纳该税款的人随意强加给纳税者,这样的“自由”难道不是假象吗?这些小产业主和无产者难道不是专制君主吗?君主专制不会改变其本质,不管权力掌握在一人手里还是多人手里,因为它仍然为所欲为,并且能够不加限制地使用其他人的财物,而这些人没有任何保障,也无法进行任何申诉。就税收而言,赋予每位公民平等投票权而不考虑公民财产的选举制度毫无疑问会招致这样的结果。数字不会自我伪装,但它们能揭露模棱两可的言辞的真面目。这一论证是基本的数学运算。

根据这一结果,我们可以争论在普选制中我们是否可以更好地遵守上述第二个公理,对税收的良好分配必须遵守该公理:“财政中有节约问题;但税收必须尽可能低,并关注国家需求。”



我们已经提到,平等投票宪法下的政府运行成本根本不低:该事实无需争辩,这很自然。如果让人们花自己的钱,我们可以指望他们节约开支,但如果是花别人的钱,并且是以法律手段进行,用这些钱他们还能通过做大事立大功而沽名钓誉,我们如何指望他们节约呢?

对小产业主和无产者而言,国家财政节约与否,是否存在挥霍浪费,这无关紧要。相反,他们可能希望如此,因为对于挥霍浪费的部分,他们可以分一杯羹。毫无疑问,他们赞同修建大型公共设施,甚至享乐设施,因为花销由富人支付,而那些花销以最绝对的命令,即法律的命令强加给富人。这些立法者往往使政府从事各种本应由私人产业自由完成的事业,并且乐于允许政府自身垄断这些事业,因为他们对由此给私有企业家和资本家带来的损害毫不在意。如果他们在意,也不是出于对私有财产的尊重,而只是因为他们害怕来自小产业主和无产者的反感,因为那些立法者与后两者同属一个阶级。

即便现在,我在报刊上还能读到:"注册加入位于巴黎的国家济贫院的人数接近 12 万:他们效率低下的工作造成的花销仅在巴黎一地就高达每月 400 万法郎。国家济贫院这一制度从原则上讲已然十分糟糕,但遍布该制度安排的各种权力滥用使其雪上加霜。该项目中有很多人,尽管他们声称贫困,但其实际上有其他收入来源。很多人化名参与,以向政府骗取更多钱财。"①

法国的这种情形以事实和证据验证了我们的观点——选举人民代表时的平等投票将走向社会主义;该制度常常将整个国家变成一个巨大的济贫院,变成一个巨大的加工厂,而唯一的企业主是政府。使法国泥潭深陷的劳工的组织难题,究其根源,主要还应归咎于其选举制度。

到目前为止,只有英国很好地理解了这一点,即政府自身不宜取代私有产业。法国的济贫院没有开展真正且有效的工作。被私人工厂拒绝了的最糟糕的工人都被收容到那些济贫院;以这种方式,政府集聚起一支强大且野蛮的队伍,该队伍不懂克制且意图劫掠和革命。我前文提到的那份报纸正确地评论认为:"当工人四散各地,他们能感受到其雇主、其思虑周全且善意的朋友的影响,因

① 《复兴》(*Risorgimento*),1848 年 6 月 3 日。

此,他们能够更容易地抗拒那些更为躁动的工人的影响和威胁。但当他们大量集聚,他们不再有任何限制和约束,其不满的增加和不道德行为齐头并进。”在如此情形中,我们还能有一个和平、安全、繁荣且幸福的社会吗? 所有人的权利能够被保护吗? 这是人们所欲求的政府或国家吗?

同理,经由普选制产生的人民代表不怎么反对使国家举债度日。这是因为,他们知道自己不用来偿还这些债务——他们本身不是国家的债权人,他们没什么兴趣确保那些债务被偿还。在这样的政府治下,公共基金总是摇摆不定,他们肯定会破坏该国的信用。它也使该国持续动荡,当然,它也不会有助于实现该国公民真正的富足。因此,银行投机、恶意操控市场以及破产是如此成立之宪制政府总要面对的瘟疫,在特定时期更是如此。与此同时,英国宪法的缺点源自完全相反的方面,但它却使英国积累了源自法国式宪法治下的各国政府的财富。因此,普选制下的政府不可能在财政方面厉行节约并很好地管理公共收入。

然而,由平等投票选举所产生且发布命令征收重税的代表们总是能拿国家的名义做掩护。是国家在汲取财富,是国家在攫取收益;而在另一制度下,这些收益可能被投资者取得。他们说,是国家在变得富裕。诚然,这套国家说辞有种神奇效果。谁对此不满就应遭到天谴! 这样的人是在倒行逆施,是国贼。难道不能合法地还原这些说辞的恰当含义吗? 这些聪明的骗子将人民要得团团转,揭穿他们虚伪的谎言以及愚蠢的狂热拥趸无意间说出的谎言,这难道是罪过吗? 我们在找寻真理——并且我们知道冠冕堂皇的口号和说辞不会让我们满意;我们想知道事情的真相;我们想要现实的自由。我们想要法院面前的平等,真正做到财产不容侵犯,真正实现繁荣。我们不满足于说辞,因为我们不能靠远离现实的说辞过活。纳税者,他们不就是国家吗?那些被与民争利的政府缚住手脚,不能进入利润丰厚之行业的公民,他们不属于国家吗?你们把国家分成了两个部分:无产者和小产业主是一部分,大产业主是另一部分。然后,你们将大产业主从你们的议事日程上删除,并期望国家仅由前一部分构成,而你们所谓的这个国家还要靠被你们排除在外的后一部分提供的财富存活。这完全是诡计,是假立法之手进行的盗窃。这是在公民中制造分裂——法律中包含的这种永久的敌意和分歧不会给任何人带来好处。

人们是不是在担心,如果让所有人得其应得,如果我们根据产业主缴纳的税额赋予其在制定税法时的影响力,使税收基本体现纳税者的要求,纳税者是否会过于顽固并且为了省钱他们会拒绝支付政府的必要开支呢?这简直是杞人忧天!让一国之内所有的财产都承担税赋,并根据其产出征税。支付更多税金的产业主因此在立法过程中拥有更大影响力。你会发现,公民之间的许多隔阂将会消弭,并且所有人对公共利益会有同样的兴趣。因为在此种情形中,每个人都知道他们的权利平等,同时没有人觉得他们因别人不正当的霸权而作出了牺牲。你会发现,所有人都心向繁荣和祖国的荣光,都希望终止派系对抗,都会毫无怨言地支付税金,因为人民自己决定他们想要如此。同时,你会看到对公共资金最为严格的管理和政府较小的预算支出,公共建设工程将会平等地致力于全国所有地区,并提升国家本身的荣光。正义能够带来和睦与和平,有了和睦与和平,伟大的公共事业才能被完成。

上述财政法的第三个公理，也是我所主张的首要条件，即依所有财产的收益纳税，这一点到目前为止还没有实现，因为利益相关方对立法的参与不够充分。那些法律总是由君主或宪制政府的专制权力制定。

认为其是专制权力，主要是因为其控制着别人的钱包。如果专制者是一位君主，他下令征税并以其认为最好的方式征收，即向更少反抗的人征税：贫富不论，并且不太在乎公平征税。如果专制统治者极其富有，他会向不那么富有的人和穷人征税。如果专制统治者是无产者和小产业主，它会过度加重更为富有者的税赋。过去六十年在欧洲扎根的普选制带来的就是这种情形。

但在这一制度之下，国家更不可能保证公正地分担税赋，因为拥有残暴力量的人掌权并制定法律。如果他们不是立刻走向最骇人的不义，那也仅是因为立法者们仍保留了其前任立法者的一些行为习惯，因为他们还没有完全意识到，以法律的名义做事且不必承担责任，他们可以无法无天到何种程度。

然而，可以肯定的是，他们迟早会无所不用其极——在此我们可以回到当代法国议会的例子。此时，该议会已充分表明，它拒绝承认公平及社会正义的原则，该原则要求“所有财产依其收益共担国家税赋”。六十年来法国人民一直被教导认为每个公民享用选举其代表的平等权利，作为相应的结果，他们要求平等选举产生的议会向富人征收10亿法郎（请注意他们给予的作出如此决定的时间是两个小时）。该议会不承认所有公民依其收入共担国家税赋这一显见的社会正义原则，它当即批准了一种征税方式，不是使收益与税赋成正比，而是奉行累进税制，随着收益额的上升，税率也

随之提高。这使得巴黎的贵族感到担忧;该税率增长的情形如下:

| 租金收入 | 税率 |
| --- | --- |
| 201—400 | 2.5% |
| 401—500 | 3.5% |
| 501—800 | 4.5% |
| 801 及以上 | 5.5% |

我们看到,以此种方式,400 法郎的租金收入要支付 10 法郎税金,也即总收入的四十分之一;1 000 法郎的租金收入,如果按等比支付税金,仅需交税 25 法郎,而按照累进税制 5.5%的税率,则需缴纳 65 法郎,也即总收入的十八分之一。

累进税率止于租金收入 800 法郎,这非同寻常,好像要放过最为富有的人,似乎是认为累进制对小产业主公平——而对大产业主则不然。但沿着这一方向继续前进是不可能的,这本身就表明了该原则的错误本质,因为真正的原则带来的所有结果总是可能的。

那么,在分配税赋时不同样对待所有公民,给予某些公民一种税率,给予另一些人另一种税率,不平等地向所有财产征税,即不以相同税率向所有财产征税——这将会破坏公民间的**平等**,这一平等被高度颂扬,并被赋予权利平等之名。我们已经提及:基于诸如平等的选举权等实质性平等的法律破坏**法院面前的平等**,这等于说其破坏了正义。

该税率的累进制公开且直接地违反了下述显见的社会正义原则,即公民的所有财产依其收益共担国家税赋,因此,它是立法权力代表法律所进行的隐蔽盗窃。累进税也违反了自然正义的另一个原则,即所有财产不容侵犯。如果法国选举产生的议会言行一致,它就会非常谨慎,并且不把社会正义和自然正义的这两个原则写入其正在制定的新宪法。因为如果将其写入宪法,言辞与事实间显见的矛盾将表明,新宪法甚至在被制定出来之前即开始骗人。

因此,到目前为止已存在的各国政府的历史表明,富人不公正的行为之后,紧接着是其他人同样不公正的反应;各国政府想要避免一个极端,却倒向了另一个极端;一个罪行之后紧跟着的是报复和复仇;社会组织脱胎于公民各阶层之间的斗争;当富人阶层力量占优,该阶层为了其自身利益独自创制和设计社会组织;而经历了一场残酷的斗争之后,非富人阶层获胜,该阶层同样希望设计出仅对其自身有利的社会组织。

但在我看来,现在是时候结束这一自私的斗争了;我们可以调和两种相反的利益,我们最终应停止根据一时力量占优的这一阶层或那一阶层的意志来组织社会——这种方式使得社会组织成了一个竞技场,一个阶层只要战胜其他阶层就能主导社会组织。意大利人民!在你们正在组成一个政府的时候,这一光荣且神圣的和平事业现在落到了你们肩上。向世界吹响第一声号角吧,首次向它宣告——并以真正的行动向其表明:一个文明社会立基于其上的独特原则是社会正义,而不是社会中一个阶层对其他人的野蛮控制。每个人各得其所。这一正义的一个构成部分是所有财产不容侵犯。财产不容侵犯这一原则的一个构成部分是所有公民一致同意严格依其收益纳税。

请这样告诉特权阶级:没有特权,也没有豁免。不管财产受到国家怎样的保护，[1]它都必须依其收益纳税。

请这样告诉小产业主阶级：你们因为收入少而少交税，但你们还是要根据完全相同的税率纳税。

请呼吁所有阶级大声支持下述原则：最大多数财产所有者同意时，税收才合法；为了实现这一点，不能由缴纳更多税收的任意数量的公民来发号施令。为了实现这一目的，最好每份财产都能被代表，其在税收方面有投票权。这等于说，选举投票权与每人上交国库的税收成正比。缴纳较少税收者必须同意他们所缴纳的较少份额，他们的意见不能被算作更大份额。缴纳较多税收者也必须同意其所缴纳的较大份额，其意见与该份额相当。

试举一例（有很多类似的例子，这实在是好事一桩），我们假定总税收是 100 元并且纳税者是四人。前三位纳税者各支付税金额是 2 元，而第四位则支付 94 元。如果给予四人等值的个人投票权，并且假定四人都同意纳税，他们每个人同意的纳税额是 25 元，那么，前三人所同意的内容是："我们同意自掏腰包支付税金 6 元，并同意我们的同伴支付 19 元。"[2]然而，这些人并没有权利同意其所同意的内容，因为我们谈论的这笔税金并不需要其自掏腰包，而是需要别人支付。现在，在我们给出的情形中，这种同意变成了法律：第四个人必须支付税金 19 元——这笔税金并没有得到其本人的同意，而是由他人强加给他，这些人违反了自由社会中"人人需自主纳税"的原则。为了进一步说明该问题，我们假定只需支付

① 参见《法哲学》（Ⅱ），1670—1685。

② 此处作者计算有误，但大致逻辑成立。——译者

2 元税金的这三个人投票支持征收 100 元税款，并且必须缴纳 94 元税款的第四个人投票反对。因为赞成者占多数，该税法会被通过。其结果是，支付 6 元税金者有权力确立 100 元税额：事实上，他们有权力让自己纳税 6 元，而让别人纳税 94 元。在此种情形中，我们是否能够说是纳税人自主纳税呢？当然不能，因为异常明确的是，最大部分的税金是由一些公民违反其他公民的意志强加给后者的，另外，给他人强加税款者只向自己征收极少的税金。因此，如果有公民能任意给其他公民强加最大部分的税赋，很明显公民自主纳税这一原则就不再适用。现在，我们设想之前假定的 100 元税金是 1 亿埃居，通过多数票决制定税法的四个人是一个国家的四百名人民代表。我们能说该国税收是纳税人投票赞成的吗？当然不能，但很明显，只有 600 万是由纳税人投票通过的，其余 9 400 万完全没有被纳税人票决通过，而是由其他公民替他们做了决定，而他们自己都不知道自己是赞同还是不赞同这一结果，并且这一决定的作出很可能违反了他们本人的意志。让我们重申：这是明显的专制。当税收的大部分由不纳税的人来决定时，政府就不再是自由的政府，而是专制政府——因为它依靠一些公民的任意行为来核准涉及其他公民的事务，而不是依赖真正的多数决。

因此，只要人民代表是平等投票选出，我们就无法合理地期望财产不可侵犯和良好的政府财政成为现实。这一点同样适用于本宪政工程的第三十条：“所有财产依其收益承担国家税赋。”

我们曾经提到，就其真正的执行情况而言，目前还没有政府采纳这一明确体现正义原则的条款，此事还有另外一个原因。该原因就是，以平等方式对所有财产收益科征恰当比例的税收，这一点极难做到。

在一些经济学家看来，这一困难太过巨大，他们宣称克服该困难不切实际①——他们对正义没什么信仰！

我们坚信，任何正义的事业也是可能的事业，说其可能是因为它有用且必要。因此，我们相信，这一困难绝对能够被克服。并且，如果发布征税命令的人全都有兴趣克服该困难，其在短时间内就能被克服。但可以肯定的是，在平等选举权之下，所有人反而对不克服该困难感兴趣。只有当采用比例选举制时，我们的立法者才能无一例外地对研究并克服该困难感兴趣。因此，只有到那个时候，它才能够被克服——如果不是一蹴而就，至少能够循序渐进且日益接近。②

当然，为了使时机成熟，必须对目前被采用的整个财政体系进行彻底改变，必须完全否弃它，因为它只是被任意确立的肤浅制度，没有任何正义的根基，并且不符合任何正义理念。国家该怎么做呢？为什么我们不敢直面我们必须直面的问题呢？为什么在拯救国家免受任意且不公正之法律的荼毒和纠缠时，我们犹豫不决呢？

宪法的这一重要条款确立了如下原则，所有财产依其收益承担国家税赋，为尽可能执行该规定，一些财政改革不可或缺，我们接下来就简要概述这些财政改革。

---

① V.德罗兹(V.Droz)：《政治经济学》(*Economie Politique*)，第四部分，第2章。

② 当我们不遗余力地减少突然就不能再严格适用的原则的数量时，正义就有救了。不能再要求政府更多，因为我们不能要求任何人做不可能之事。参见《法哲学》(I)，720—771。

税收的整个框架应该仅由两部法规来承载。

第一部法规应每年投票决定，其唯一的任务是确立平等分摊在所有收入上的税赋百分比。该法规非常简明扼要，因为其将只有一个条款，用两行字就能说清楚。

第二部法规不必每年投票决定，但在不触及基本原则的情况下，只要有改进的可能，两院需对该法规进行审查，该法规决定征税的方式。

这自然需要加以补充说明，我们将在这一点上耽搁一会儿，并考察一下该系统中到目前为止一直被采用的做法中哪些需要用新的做法来替换。我们将考察不同的税种。

目前采用的税种或者是直接税或者是间接税。直接税是政府直接征税。间接税是政府以其他名目征收的税赋，例如以保护国家制造业，或者补偿政府提供的公共服务的名目征税，抑或以政府垄断型工业收入的名义征税，等等。

间接税任意征收，并非遵循正义原则，因为不可能准确知道谁是纳税者，谁会受到该税种的影响，以及大家承担该税种的比例。

我们举几个例子，第一个例子涉及消费税。

**I 消费税**

一个有很多子女的贫困家庭可能因为消费而比一个吝啬的独居大封建主支付更多消费税。两个成员数量相同、收入相同的家庭可能因为一位家长慷慨而另一位家长吝啬而向政府支付数额极为不同的税金。

应该根据收入而非支出征税，而消费是支出，不是收入。消费者要有东西消费并且还要有收入，但这对政府而言并不重要，因为

这一极为宽泛的原则完全没有回答当前的问题。为了回答该问题，我们应该能够确定，每个人的消费应该总是与其收入成正比，而实际情况并非如此。实际情形是相反的，由于一部分消费是必需的——如对维持生存确为必要的消费——它由需求决定，而非由收入决定。还有些消费是由消费者的意愿决定的，而由于意愿是任意的，消费并不总是与收入成正比。

这里就产生了一个重要的问题："应该对所有收入课以税收还是应该在收入超过生存所需时才征税？"

我认为，毫无疑问，必须只对超出生存所需的收入征税，因为正义及人性都不允许政府就公民生存所必需的部分征税。

这里，我们能够发现对消费征税的另一个缺点，它无差别地对生存所必需的消费和奢侈消费一并征收。



因此，消费税永远不能平等征收，如果对诸如面包和盐等生存必需品征收消费税，这不仅不公正，我们认为它简直是野蛮和没有人性！

我们已经知道，一位吝啬的富人可能比一个人口众多的穷困家庭消费得更少。但让我们假定所有家庭人口相同并且其消费也几乎相同。即便如此，对生存必需品征收消费税仍是不公正的。因为所有人，不论穷富，都需平等缴纳该消费税，而富人根据其更高的收入缴纳更高的消费税才是公正的。

因此，要想完全遵守本宪法第三十条，一般而言，必须取消消费税。

我说"一般而言"，因为对那些产品而言存在一个例外，如果其被滥用，将对国家不利。例如，在中国，鸦片被滥用，对该产品征税没有什么不正义的。在酗酒成风的国家，对酒类征税值得推荐。对这些产品的征税意见也适用于相关行业和职业，例如，其也应适用于酒馆主人及类似业主。可以说，此类税收加重了作恶的负担，它是一种间接惩罚，其目的是打击并消灭这些罪恶。在该情形中，此种税收丧失了其作为税收的本质，也就没有必要依据收入来征收了。

然而，我相信，类似的税收应该因地制宜。很清楚，有些地方相关税赋较高，有些地方则较低——它们并不统一。

人们可能会问，是否应该允许对奢侈品征税。我将如此作答：如果奢侈品消费因其过度或因其特性而危及人们的道德，倘若如此，政府就有权对其征税，这是某种罚金——在此情形中，政府对其征税的权力不完全是源自其征税的权利，更是源自其改善公共道德并防止其被败坏的权利。这些措施对整个国家都有用，但对被征税者尤其有用；因此，对他们而言并没有什么不正义。

但如果我们谈论的是一国中某种无害的奢侈品，其被控制在特定的限度之内，对奢侈品征税就不公正，因为首先这些税金没有被平等分派，并使一些公民丧失了其有权享有的那些无害的满足感。此外，此类税收最终会落到更贫穷阶级头上，诸如工人阶级等。因为生产者将会以更高价格出售相关产品，并试图减少人力成本或限制工人数量——这对工业会是种伤害。

**Ⅱ人头税**

对人头税，我们应该作何评论呢？这是一种不公正的税收！

1. 其没有被平等分派，因为其均等地向所有人征收，穷富不论。

2. 其攫取了对公民之生存所必需的那部分财富，如前所述，我们认为这足以成为该部分财富免受税赋侵扰的充分理由。

这里的问题是，哪些人的收入仅能维持其生计。

我们的回答是，手工业工人就是如此，他们的工作仅赚取日工资，并且其只从事体力劳动。经济学家普遍接受这样一个准则：手工业工人的劳动除了赚取维持生计的工资外，无其他满足感可言。

另一方面，或者说作为该原则的结果——如果有人主张对手工业工人的工资征税，这将必然增加劳动力成本。因此，该税收将促使财产进入一个毫无用处的循环，使得财产进行人为的运动。这总是不便和有害的，因为它违反自然规律。

我们关于人头税的主张适用于所有均摊的税赋。均摊的税赋由富人和穷人平等承担，因此，它们是不公正的，必须被废除。



**Ⅲ不道德的税收**

无需赘言，此种税收必须被废除。博彩当然是那些不道德税收的一种。法律禁止私人运营博彩行业。然而，政府却盗用该权利以获取收益——就好像只要政府及其法律参与其中，不公正且不道德的事情就变得公正且道德了一样。目前，政府自身就持有这种观点——至少它能用某种正义的外表掩盖不义。博彩业不道德，因为它背叛穷苦且愚蠢的人，并通过激发空洞的希望而剥夺很多家庭的必需品，这些空洞的希望往往转化成可耻的激情，它宣扬迷信和空洞的前例，并由此激发不负责任和好逸恶劳。

博彩业不义，因为它是一个不对等各方之间的契约。换句话说，它是庄家和玩家之间的契约，其对庄家有利的几率远大于玩家，事实上使得庄家获利成为必然。平等投票选举产生立法院也是一种博彩，因为我们已经看到——这是一种更具灾难性的博彩，在其中，无产者和小产业主是庄家，而富人携其财富充当玩家。

各种博彩，大小不论，形式不问，都必须被禁止；将整个市民社会变成一个巨大的博彩业，这更是荒唐透顶。

以任何形式的博彩获取的税收永远不能根据公民的收入平等摊派。

**Ⅳ政府提供的公用事业**

根据良好政府的原则，有些公用事业必须由政府提供，其原因不外乎私有企业无力提供或不能保证相关服务，抑或其给国有资产带来变化，又或者这是为了保障公共安全。这些服务包括邮政、路桥、运河，等等。目前，政府财政部门掌握这些公共服务业并将收益上交国库。

在该领域一如在其他领域，政府财政部门没有尊重下述社会正义原则，即不能强迫公民支付超过与其各自收入成比例的数额。显然，政府从事公共服务所赚取的收益是不公正的，因为它们没有依所有公民的收入平等分摊。

因此，即便在这一点上我们也需要回归正义。使用公共产品的人支付政府在该方面的支出，这是公正的。但因为要在这些公众一定会用到的服务中赚取收益而涨价，就是不公正的。

在政府出资维持的公共产品中赚取净收益，这其中还包含着另一种不正义，它使得许多公民无法使用这些服务——对所有无法支付这一更高价格的公民便是如此。这直接违反了提供公共产品的初衷。它侵犯了公民在法院面前的平等，并且它还有不正义的贵族制的意味。

因此，诸如快马邮寄和人工邮寄、路桥维护等类似服务，其税收应被降至足以支付政府的相关支出，不能借此赚取收益，这样才是恰当的。

**V 进出口税**

一般而言，这些税收违反贸易自由和工业自由，而这些原则已经被本宪法工程的第四十条所确认。

只有当有理由担心出口会威胁到公民生存时，才能作为例外措施对出口生活必需品征收暂时性的出口税。在此情形下，可以完全禁止该类商品的出口。

另一个例外情形涉及战时国家安全——当下的或先兆性的——它包括可能增强敌国力量的武器、马匹及其他物品的出口。

但这些例外情形应由法律确认或由立法院向政府部门发布一个信任投票。



对外国商品征收的进口关税也不能成为税收，因为它们不能与所有公民的收入成比例地分摊——而这是税收所遵循的正义原则。因此，所有作为税收的海关税都是不正义的。

如果这些关税过于沉重以致引发走私，它们还包含一种极端的不道德。经由这些关税，政府逼迫许多公民放弃其诚实的职业，转而追逐应被谴责的非法利益。然后政府有义务惩罚其自身创制的犯罪；因此，对犯罪者的子女而言，除了不道德行为带来的遗产外，他们什么也没剩下，而这些遗产成了他们唯一的生活来源。

因此，作为税收的进出口关税是不正义的，它们有时对人民还是一种剥夺。此外，它们伤害商业和国家工业，因为其使两者都丧失了必要的自由。

今天看来,这些自由的好处似乎无可争议。我将不进行相关讨论,而是相信已深度钻研该问题的经济学家们。这里我只想表明,尽管不能一般化地认为关税是税收,但我的确承认两种情形,在这两种情形中,一个公正且英明的政府有权暂时提高某些关税。这两种情形是:

第一,在一个禁令制度盛行且工商业已走上独特道路并呈现独特形态的国家,我们不能——除非伤筋动骨——突然允许工商业完全自由而破坏其现状,这违反自然规律。给工商业一点时间,让它们逐渐走出其错误的方向并回归自然且自由的道路,这样做才是英明的。因此,关税应该逐渐降低,直至实现完全自由的自然状态。

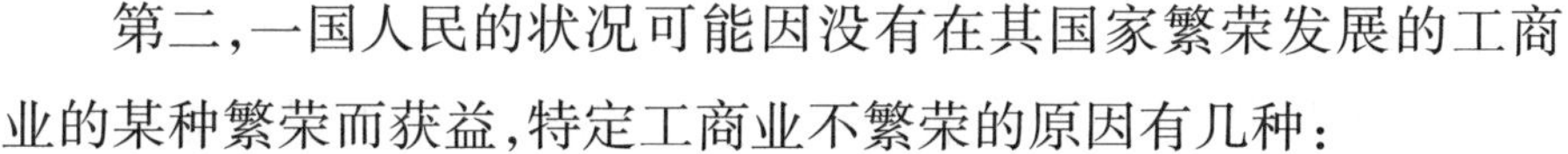

第二,一国人民的状况可能因没有在其国家繁荣发展的工商业的某种繁荣而获益,特定工商业不繁荣的原因有几种:

一是最初的投资需要资金,这些资金因为来自相关产业完备的外国商品的竞争而不能立即产出足够的利润。

二是为该国开始一种新产业的产业主能力不足。

三是资本家缺少主动性。

在此情形中,保护本国商品对抗外国商品的进口税和审慎且温和地施加于原材料方面的出口税使得手工作坊和工厂在国内诞生,这能够鼓励整个产业。而一旦它们站稳脚跟,就能够自行发展并维持与外国商品的竞争。到那时,任何保护性关税都应停止,以使这些产业不至于畸形发展并妨害工业的自由发展。

这些不能以税收作正当化证明的关税有完全正当的理由,那就是它们符合全国共同利益的要求。但考虑到政府财政部门能够轻易地在这一领域滥用职权，应由立法院深入地讨论这些部门适用关税的每种情形，并以法律的形式予以确认。

**Ⅵ国家垄断**

所有财政法律中，最为糟糕的是那些以垄断充实国库的法律。英国有一个至高无上的原则，那就是，政府不得成为就其本质而言属于私人产业的产业主。

一个市民社会的政府不能化身为一个商人或工业机构。这直接违反了其设立的初衷，即保护公民自由和竞争以使后者获取利润，而不是侵扰其利润或与民争利。

与私人企业相比，政府很少能够从那些产业中获取相同的利润，因为私人企业全神贯注于获利。因此，政府从事垄断或者即便只是投身盈利性产业都会给国家带来两个巨大的灾难：它从公民手中抢走了某些产业部门，并使其生产率降低，有时甚至丧失生产效率乃至完全沦为被动。



即便出现其为政府带来可观收入的情形，这些收入只会对一些公民而非所有公民有利，它也不会依个人收入进行分配。

因此，这种收税方式也应被放弃，因为它不公正。

**Ⅶ纸张税和报业税**

甚至连纸张税都没有平等分摊，它也没有依公民收入分摊。报业税和其他出版税没有如此不公正——尽管我们相信适用某种执照税是有好处的，这一点我们稍后解释。

**Ⅷ财产交易税**

对于这一税种，有人认为，当公民们经由财产交易扩充其财富时，财产就会被以一种较低的税率“捕获”。但这里我们也能看到，甚至该税种的引入都不是正义原则所要求的,而是得到了关于政治审慎的间接观点的启发。我们坚信,一个明智政府的使命不是以狡黠诡诈使其公民感到讶异,或以任何其公民不会抱怨的方式榨干他们的钱袋。我们毋宁相信,政府必须诚实地向其公民宣告:“你们支付如此数量的税金,你们支付这些税金,是因为这么做是正义的——你们能从向你们解释征税原因的法律中看到这一点。”

另一方面,就丧葬税而言,当这些税金被征收时,交税的继承人也获得了遗产,这毋庸置疑。但买卖交易中就没有发生同样的事情。事实上,在此情形中,售卖税由卖方承担,随着向政府缴纳之税金的增加,售卖物品的价值在减少。反而应该给商贩免税,因为这对买家有利。

总之,我们可以总结认为,这些税种也变成了财产交易时毫无用处的障碍。

**Ⅸ窗户税、出租马车车轮税、对狗、马和其他动物的征税**

这些类型的税收同样存在没有公平分摊的缺陷。然而,对狗、马和其他动物的征税能以一种道德上的目的作正当化证明。也就是说,它们可以被认为是奢侈品。通过对其征税,立法者们希望节制富人们过度的奢侈行为。在此情形中,我们之前对奢侈品的主张也适用于它们。

根据公共道德这一方面,那些税收甚至更为公正,因为它们是自愿的,并且也给支付这些税金的人带来了好处——这是全社会及其政府都应极其赞赏的一种道德进步。

我们目前所谈的都是间接税,并且已经看到,如果想要根据被人们认为是唯一无可争议之根据的正义原则改革公共财政,所有这些税种都必须或者被废止,或者作出巨大改变。我们已经检视了上述改革的负面影响,现在来看看其积极作用。它涉及直接税,一般而言,直接税容易带来公平分摊,也即被分摊到公民头上的税额尽可能地接近公民准确的收入比。但在讨论财政改革的这一方面之前,我们将首先回应一些反对意见。因为我们很清楚地知道,该提议非常新奇,它将招致旧时偏见的嫌恶和反对。

第一个反对意见是,如果你想让所有税收直接根据收入征收,公民将更多地感受到税收的负担,并且他们会为此抱怨。因此,让公民吞下苦果而不自知岂不更加方便?

我的回答是,政府必须停止以权谋对待被统治者,并利用人民的无知达成其目的。相反,有必要告知人们他们的利益所在,以使他们知道怎样对政府自身的行为进行合理的监督。



哪些政府感到有必要使用这些权谋来对付被统治者呢?

只有那些对公民作出了不正义之事并企图掩盖的政府才会如此,只有那些企图掩人耳目并以税收分配欺骗公民的政府才会如此。因此,在一个阶级的公民以牺牲其他人为代价制定税法的那些政府形式中,情形都是如此——不管那个阶级是英宪中的富裕阶级,还是法宪中的小产业者和无产者。无论如何,总是有必要使用权谋才能掩盖不正义,使那些受其害者不致知晓;并且总是有必要使人民不知其利益所在,并用间接方式征税,以使人们意识不到征税问题,并以此尽可能地防止他们抱怨。但如果政府真的想要实现正义,从根本上讲,该正义必须为整个国家所喜爱,并且政府有义务在这方面启发人民。以这种方式,政府不会再厌恶由多数纳税人票决通过的税收,并且纳税者会认为这些税收必要,并且是公平分摊的。纳税者也会认为这些税收是可能的最小额度，其征收管理高效且节约，并且仅仅因为每人都按收入比例纳税，税收负担也不觉得那么沉重。作为补偿，纳税人有选举权，其纳税额与选举权重成正比。最后，征税所需的费用更少。一个文明国家不会意图通过权谋而支付更多税金，而不是以诚实为基础而支付更少税金。

第二个反对意见是，公民意图收获其财产的所有收益，这使得政府有必要对每位公民的财产作令人生厌的调查。这是一种偏见，因为正如该反对意见所言，甚至在试图避免该难题前，我们就知道此举是不可能的。

只要我们承认比例选举制，不管哪里的财产都会自告奋勇，而不是躲躲藏藏。愉快地接受纳税，由于更多财产意味着更大的选举权，纳税行为能够确保财产所有者对国家和法律的制定拥有更大影响力，这符合财产所有者的利益。当前宪政国家中选票被非法收买，这对道德的正义构成严重伤害。若采用比例选举制，这些钱则会丰富国库。届时，当前昂贵且不太奏效的腐败做法将不受待见；更为可能的情况是，我们会向各政治法院起诉下述这些人，他们试图向国家缴纳大于其收入应缴数额的税金。



现在，我们来探讨大致确立财产之收益的方法问题，将会看到，其不需要细致或令人生畏的调查。无论如何，我会提出如下疑问：政府以不打扰某些公民为借口对其明显不公，这样做合法吗？首先，公民要求政府对其完全公正，并且政府建立之目的就是实现正义。政府不能强词夺理或虚与委蛇，声称无能力或不知情，以逃避这一首要且普遍的义务，因为其会因此而遭到谴责。

第三个反对意见是,如果公民的财产被过度曝光,其信用可能受损。这是完全错误的。我们必须区分两种类型的信用:基于事实的信用,以及被夸大和有误导性的信用,后者没有相应的财富基础。对国家经济管理知之甚详的政府必须尊重有真实财富基础的信用,并且其应将大于公民之财产的信用视为虚假信用,并视其为失德行为和公共灾难。

这后一种类型的信用立基于表象和欺骗之上,而政府应偏爱事实而非其他。

当有些机构能够轻易获得与其财政状况不相称的信用时,会发生什么呢?它们会投身于巨大的投机,最终它们会自我迷失并使将资本托付给它们的公民一并受损。因此,我们看到无数破产的情形,只要信用超过财富运行规律所确立的界限,这种情况就永远不会缺席。随着破产的到来,过度信用的虚幻结构就会土崩瓦解。取而代之的是信用缺失和大众恐慌、工商业停滞、国家及其财政震荡,以及很多无辜且诚实公民私产的丧失。

政府应保护所有人的私产,使其免受任何方式的威胁。它决不能以对某些家庭有利为借口向不审慎且莽撞的人大开方便之门,这些人意图赌上一切以变得极其富有。因此,英明的政府决不能使得国家出现一种无限制却暂时的信用,而是应该支持可靠且有真实的财富支撑的信用,经由规则且恒常的行为,该信用能使整个国家日益走向繁荣。为了实现该目标,每位公民的财富应该被知晓,而不是将实情隐藏,这一点很重要。这是最为有效的手段,它能防止规模庞大的破产带来的耻辱,并能确保公民拥有其所拥有的财产,并拥有其能够勤劳地获得的财产。例如,当一个国家银行为其业务进行担保的资金公开时,该银行的信用才告产生。如果这笔资金不为大众所知,其信用也就变得云里雾里。这一点同样适用于一个国家及其内部存在的工商企业的信用。

现在,我们大致根据个人收入方面确立的原则来描状那些容易由公民分摊的直接税的来源。

该税收同样适用于不动产和动产,这是恰当的。这源自我们所采信的正义原则。

相较于其他财产而言,给工商业财产减免税赋是以法律的方式侵犯财产权。该做法的原因不仅仅是给这些财产征税存在困难,还有更为深层的原因。如果我们考虑到,选举人被赋予的平等投票权的后果就是在立法院中工商业财产比其他财产拥有更多数量的代表,并且立法院中真正拥有权力的小产业主必然更钟情于工商业财产而不是其他财产,那么上述现象的解释就完整了。在普选制体系中,这一最为重要的原因更加常见。

如果以平等投票选举代表带来这一偏袒工商业的不公正——但其甚至真正伤害了公共财富的源泉,因为它伤害了整个国家——那么在像意大利这样以农业为主的国家,这种不义和破坏则更为严重。

当然必须保护并鼓励工业和商业——但不能通过不正义的手段,因为不正义永远不会给国家带来真正且可靠的好处。相反,应该根据本宪法第五十一条所支持的自由原则以及其他合理手段保护和鼓励它们。

因此,唯一能够平等分摊的直接税,必须适用于所有收入。这些税种可简化为如下几种:

一是地产和房产。对建筑物征税不会有什么麻烦，并且它们也被人们普遍接受。

二是抵押资金。抵押登记办公室在对抵押进行登记时就知道抵押资金的情况，因此很容易对其征税。

三是国债。向债权人支付利息的政府必须依法对任何收入征收一定比例的税金。

四是公有银行、保险公司和其他任何由私人管理的公共服务公司。这部分税收必须针对年收益征收。

五是个人信用。我乐于看到私人行为和公共行为产生的个人信用也必须依法由专门成立的公有账户予以登记。这必须在那些信用被授予时进行，使得人们不可能向国家法院提起任何诉讼。根据民法相关规定，该登记过程是抵押合同生效的必要条件之一，根据登记信息，就有可能知道债权人必须支付的税金。

六是私人银行家、批发商和工厂主。应该在每个城市或每个省大致估算他们的收入后按街区征税，然后每个街区的议事机构在其成员中分摊这笔税金。

七是可作类似处理的分销商和零售店主。必须免除劳工的任何税收，因为他们只向社会贡献了其劳力，我们不能假设他们拥有高于维持其生计所必需的收入。

八是手工技艺。每项手工技艺必须根据对该技艺收入的大致计算对其从业执照征税，所征税款在各省、地区和各市可以不同。因为由于情况不同，从事这些手工技艺所得收入可能不同。

九是政府向官员支付的工资。应拿出其中一定的比例作为税金。

直接税的这九类必须覆盖所有财产。即便市政产业也要向国库缴纳已确定比例的税收，但这样做是恰当的。因为市政产业由所属公民享有，将富裕的市与贫穷的市置于相同条件下有失公平。

只有以此种方式，才能真正兑现本条款的承诺："所有财产依其收益承担国家税赋。"

我们必须反思如下事实，不对生存所必需的商品征税——既不直接征收，也不以关税的形式征收（因为关税已被废止）——这降低了劳动力价格，它对国家的工商业是个利好，它们使生产成本更低，在全球市场上更具竞争力。这是支持国家工业正当且明智的方式。

由于此种方式支持了生活必需品的消费，更大数量的公民因此受益，雇主难以雇用雇员的难题得以缓解。我们认为，创制人为经济环境的各种安排不能完全解决这一难题，其解决需要遵循产业运作的自然规律，同时辅以道德手段。

我们基于信念的行动的前提是如下事实，即真正有意愿将本宪法之各原则付诸实践的立法者真诚地讨论所有这些问题，并且立法者也有这样做的勇气。如果是受其自身利益的启发，立法者们就有这样的勇气，而这一利益的存在立基于与财产成比例的选举权，而不是平等选举权。

作如此安排的税收方式不具压迫性，除非政府强迫公民展示其私人安排的细节，否则不能认为该方式具有压迫性。就我们所描述的这一方式而言，政府不必屈尊作细枝末节的调查，因为可以经由公共行为确认产业，或者产业自身即一目了然。

该安排的另一个优势在于其大量节约了征税开支。当我们想要“抓住”意图避税的产业时，这样做的支出是巨大的，因为政府要与这些公民斗智斗勇。相反，我们让公民自愿前来交税，因为税金与成比例的选举权挂钩。由以上描述可知——所有人都认为这会使国库受益，并且承认它也会让所有人受益，除此之外——所有公民平等分摊的税赋最终也更易于承受，更为重要的是，公民会自愿承受。任何抱怨的理由都将被消除。

无论如何，在本宪法中规定“所有财产依其收益承担国家税赋”，这样会约束企图违反正义原则之立法院的傲慢。此外，它对那些遭遇税收歧视并意欲诉诸政治正义最高法院的人有利，因为他们可以基于本宪法的这一条款提起诉讼。这样一种上诉对立法机关而言是一种长久的刺激和约束——这一约束非常有利于找到必要的方法来充分且真正地践行宪法的这一条款，它规定所有公民平等地分担税赋。

**第三十一条　非经代表纳税人的两院许可并经君主批准，不得征税。**

本条款完全没有违反第四十七条，后者规定立法院的权力仅限于立法分支，因为决定税收的数量和税赋分摊情况恰恰是一项法律事务。税赋征收是在执行法律，其相应地属于执行机构，当然，税赋的征收方式可以经由立法来确定。

**第三十二条　国家对其债权人的义务不容违反。**

这是第二十七条的结果，该条款规定，所有财产不容侵犯。然而，这一结果必须在本宪法中明确表达，以便弱者进一步得到保护，使其免受强者侵害。通常，国家比其债权人强大，并且它经常滥用其权力,巧取豪夺他人财产,同时还不会受到惩罚,因为它为掩盖罪行从来不缺法律上的借口。

当公权力决定侵害私产时,谁能够予以制止呢?我们利用什么其他权力来制止公权力呢?从目前欧洲各国的宪法来看,这一点从来没有被考虑;正是由于这一原因,各国从来不缺以完全合法的形式进行盗窃的勾当。针对这一现象,在我们的宪法中,行政权被掌握在司法分支手中,考虑到法官的数量,其权力非常强大,并且它是人民之正义的合法代表。在正义的秩序中,该分支居于其他所有分支之上,并且它能纠正所有其他分支的侵权行为。甚至政府的债权人和其他所有认为其遭受了来自政府的不公正侵害的个人和团体都可以向其寻求帮助。

政府的失败,政府废除其发行的已贬值的纸币或硬币,这些都是针对人类共同体的背叛行为,必须使这些行为变得不可能。国家是所有公民在一个复合权力之下的联合体,其有偿付债务的义务。所有公民都应对此负责。因此,所有公民都应根据以其收入为基础的公平比例并以税收的形式承担国家债务负担(第三十条);债务的偿还可能在一段时间里陷入停滞,但债务本身永远不能被取消。



这些正义原则保护信用,而信用表征着一种无可估量的财富。它是更轻松地面对许诺的一种方式;它是在有需要时经由更好的交易获取收益的更为可取的条件;它是公共财富和私人财富的源泉。

**第三十三条　知识产权应予保护。**

我们将知识产权界定为一个人经由再生产和分配其智力成果

而从中获取经济利益的权利，这些智力成果包括论著、艺术作品和有用的发明等。我认为没有必要分析该概念正确与否。

知识产权这一权利是一种自然权利吗？换句话说，它是一种理性权利吗？乍看起来，情形并非如此。相反，人们似乎感觉，如果一个人买了一本书，这本书就是他的，他可以随意使用该书，甚至可以再版该书。

但财产权理论能够解决该难题。[①] 该权利包含人和物之间的纽结，该纽结具有安宁幸福属性，其包含自然要素，也包含智力要素和道德要素，这一点我们在《法哲学》(*Filosofia del diritto*)一书中曾做过深入讨论。当人和物之间存在这一纽结，并且当别人强行使其与该物分离时，此人就会感到痛苦。既然道德律法禁止造成他人的伤感苦痛，因此其律令与财产权存在冲突。但在人类发展的不同阶段，财产权这一纽结的形成方式并不相同；这就是人类文明和人类发展不同时期财产权几经变更的原因。

最容易形成并且最为显见的财产权纽结涉及有形之物。该财产权纽结可追溯至人类产生之初；它早于文明社会，当时，在某一特定的时间点上，个人的体力已足以保护该纽结。在更为文明的形态中，人类开始意图使其智力成果也变成排他的专属财产。但只要其没有希望真正能够排他地使用知识产权及其收益，他就无法做到这一点并主张：**这些东西是我的**。他不敢夸此海口，因为他知道，其同胞们也不能随心所欲地处理各自的知识产权。在这一事实中，他看到其不可能专享其智力成果的使用和收益。只有在

① 《法哲学》(Ⅰ)，382—451、895—1003。

其进步达到一定程度的文明社会中,这一自然欲望才能得到满足;当一个社会确保智力成果的作者享有其成果的收益时,该社会就满足了这一自然欲望。于是,就开始出现了涉及智力成果的财产权。因为只有此时,人们才敢说:**这些东西是我的**,人们有了这一想法后,当其期待的财产收益被剥夺时,他就会感到受到冒犯并且悲痛不已。因此,该权利是支持该权利之社会力量的一个结果。这并非因为财产权源自强制力量,而是因为其源自人们在占有物品时进行的一种判断。如果人们看到他们不能阻止其同胞自由地使用其所占有的物品,他们就不会作出这一判断。因此,被称作著作权的权利,其权利基础植根于人性本身,其他权利也是如此,其权利资格是创造和生产。只有在文明社会,其法律支持该权利,其强制力量保护该权利,这一权利才真正出现。只有此时,人们才真正确信他们能够占有其智力成果和创造物带来的经济收益。

我们再回到最初提到的反对意见:如果我买的书是我的,我为什么不能随心所欲地使用它呢?我为什么不能再版它呢?就这一观点,我们的回应是,购买一本实体书籍不能改变作者对于该书之权利的完整性,因为它是逻辑上在前的权利,后来的权利不能破坏它。因此,我们必须将这一后来权利的使用与前者的保护相协调。必须限制后者的使用,以使其不致威胁前者。

还需要决定知识产权这一权利的界限。属于不同文明发展阶段的这一权利具有完全的个人属性。我们相信在作者的有生之年,其应完全享有该权利,因为该财产的所有权指向发明创造,发明创造者享有所有可能的收益而不被他人侵扰,这是合理的。但即便如此,我们认为该权利不能经由继承进行传递。随着发明创造者离世，这一首要权利资格即告终结，该权利将不复存在。

**第三十四条　以形成立法为目的，达到法定年龄者可集体向两院请愿。如请愿涉及法律执行，则应移交行政部门；如涉司法，则应移交司法机关。个人不得单独向两院请愿。**

本条款与第四十七条相一致，后者将两院接受请愿的权利限于要求进行立法的请愿；根据其权属的不同，在请愿事务方面，行政部门和司法机关被赋予了相同的权利。

本宪法体系立基于其上的一个不可动摇的原则是三权分立：所有现代宪法都是源自这一原则。因此，每当我们混淆三个权力分支，其中之一会使另外两个分支无效，宪法就会出现不连贯和矛盾。入侵的权力分支变得专制而宪法所主张的权利事实上会被破坏。

所有现代宪法中，立法院都侵入了其他分支。它们接受请愿，不管这些请愿的目的如何，并且它们可以专断地满足那些请愿或将其移交给内阁长官。因此，它们被公然许可侵扰行政分支，而国家无法提供对抗这些侵扰的保护措施。

立法院也发布判决，以虚假的立法名义作掩护。在意大利，我们看到对司法分支的这种侵扰反复出现，其他国家同样如此。都灵议会解散道德团体并将其财产收归政府。这不是**立法**，而是**审判**。事实上，法律总是一般性规定，它不具体针对任何特定个体、组织，并且它也不针对任何实际存在和事实上存在的权利。法院负责将法律适用于人和物，这种适用被称作**审判**。改变这些界定并不合法，这样做就是在公然撒谎。给审判冠以立法之名，这是在欺骗整个国家。对人民的专制总是以类似的谎言和欺骗的形式进行。就我国而言,专制者是立法院而不是君主,这是让我们制定的宪法在感官上虚幻在事实上虚伪的众多小把戏之一。

今天,人们对约束议会的专制考虑甚少,很少有人指出这一点。我们一方面宣称立法院只是立法分支的构成部分,另一方面,我们给了它们毫无限制地接受请愿的权力,不管相关事务是涉及立法、行政还是司法分支,这前后矛盾,同样,很少有人指出这一点。其原因可见之于那些宪法制定之时人们中间已存在的态度和情感。人们所害怕的幽灵是君主的专制;因此,仅针对这一敌人采取了保护措施。对另一个敌人,即立法院的新权力,绝对没有什么不信任,因此也就没有相应的防御措施。其结果是,新权力机关被给予了过大的权力,使其自身转而变得专制。

在我们漫长的经历之后,是时候使立法分支重回其自然的界限,并被控制在那些界限之内。不做到这一点就没有宪法可言,而表面上存在的宪法也无法持续。三个权力分支间的混淆和立法院对其他权力分支的侵扰是现代宪法短命的诱因之一。



我们意图对立法院施加的一个限制的内容如下:除了涉及立法权的请愿外(即提出立法请求的请愿),它们无权接受其他请愿。

就如普遍施加于国家各种权力之上的所有界限一样,给立法院施加的这一界限受到司法分支的严密保护。没有这些保护,各种界限会被逾越,并且逾越者还不会受到惩罚,尤其当人们对相关案件的特定情形中相关界限是否真的存在有疑问时,情况尤其如此。因此,有必要建立新法院来管辖这些新的终极情形,以司法判决的方式使各权力分支保持独立和清晰,避免它们相互侵扰。

尽管只有涉及立法分支的请愿才能提交立法院,公民的请愿权应充分保证，当他们的要求涉及行政和司法问题时，他们可以诉诸行政和司法分支。

公民有权以个人身份或集体向胜任的权力机关提交其请愿，因为我们认为，请愿权是一种自然权利，不能无必要地限制。

这种安排与第三十五条和第三十六条相一致，这两条承认了公民和平集会和为了正直的目的结社的权利。如果公民集会是合法的，那么他们一起讨论向国家不同权力机关呈递的请愿也一定合法。这些讨论本身对公共事务有利，它们也有利于对公民进行公民教育，并且它们还使得公民为其以后可能承担的国家义务做好准备。另外，它们还能够就其讨论的相关问题启发政府。[①]

如果公民结社合法，那么他们联合起来向胜任的权力机关呈递请愿有何不妥呢？一方面承认公民自由结社的权利，另一方面又否认其集体请愿的权利，这是显见的前后矛盾。

未成年人没有请愿权，无法行使公民权利和政治权利的人也没有请愿权；但代表上述人群的人可以提交请愿。

最后，禁止向立法院提交个人请愿，这样做主要是为了立法院自身的安全及其审议、评议的独立性。这不是完全限制请愿权，而是协调自由与秩序的关系。

**第三十五条　所有公民有权结社，结社不可秘密进行。但如果法院判定社团悖德、不信教或违反本法，易言之，如果常规审判认定社团成员结社目的悖德或不信教，抑或违反国家法律，可以解散社团。**

---

① 关于请愿权，乃至集体请愿权，请参见《法哲学》（Ⅱ），2376—2380、2384、2387。

结社是人的一项自然权利。[①] 一个开明的政府有义务承认公民出于正直目的而创立的社团。[②]

每个社团都是一个法人，其和结成社团的个人一样拥有不受限制的所有权。[③] 另外，如果社团不能享有该权利，结社权本身就是镜花水月，因为没有共同基金，多数社团无法存在。

市民社会成立的目的就是保护和执行所有自然权利和理性权利——而不是破坏、限制这些权利或阻止其行使。因此，国内政府必须完全承认并保护结社权。

当然，该权利不涵括那些其目的本质上非法的社团。此类社团一旦成立，国家权力机关可以而且必须取缔之，因为它们威胁其他公民的权利——如果其没有威胁公民其他权利的话，其至少威胁到了公民对共同善所享有的权利，而这是所有权利中最为重要的。权力机关享有的这一权力并非仅源自其成立的目的，即保护所有人的权利，其立基于一个更为深刻的根基之上，即所有人享有的捍卫人之尊严的权利。[④]

但市民社会的权力机构中哪个权力分支有权判断一个社团是否非法或哪个社团应予镇压呢？只有司法分支能担此重任，因为其能够发布关于适用于实际结社的公民的判决。如果没有基于正义的常规审判就谴责公民结社，那就侵犯了其人身安全和司法自由（第二十三条）。因此，议会无权取消任何社团，因为其权利在于

① 《法哲学》（Ⅱ），426—438。

② 《法哲学》（Ⅰ），439、445。

③ 《法哲学》（Ⅱ），446—449。

④ 《法哲学》（Ⅰ），141—238。

投票表决法律,而不是作出司法判决。这是对立法院之权力的必要限制的一部分,我们在前一条款中已经讨论过了。

如果胜任的法院,即司法分支,作出判决,取缔某一社团而又不侵犯公民结社的自然权利,其应该立基于何种正义规范之上呢?那些正义规范即包含在第三十五条之中,其可被归纳为两种情形。只有在这两种情形中,一个社团才能被镇压:

一是其本质上悖德、不信教或违反本法。

二是即便没有上述情形,但其成员全面滥用其结社权,而其结社目的悖德或不信教,抑或违反国家法律。

如果没有出现上述两种情形,该社团就不能被解散。不必以争辩的方式证明这些规范,只需要公布这些规范即可。

拥有不道德目的的社团无权存在,因为权利是一种道德的存在,并且拥有一种道德上的合法性。[①]



所有人都享有繁荣兴旺的权利,一个志在此道的社团有资格让市民社会以保护其他权利的同等甚或更高的自觉性来捍卫其结社权,这是所有权利中最可珍贵的。

一个拥有非宗教目的的社团本身即有无涉道德的目的;这不是观点异同或个人信仰的问题,因为这些问题在国内法中是自由的,并不是社会的目标所在。实际上,如果有公民不信神并且不信仰任何宗教,市民社会不能因此而惩罚他。

但如果一个要成立的社团旨在传播无神论,即该社团存在的

---

① 《法哲学》,“权利的本质及其与义务的关系”(della natura del diritto e della sua relazione col dovere),第2章,第5款。

目的就是破坏其他公民信仰的宗教，那么政府就应该镇压该社团，因为其威胁到所有公民最为珍贵的权利，即信仰宗教的权利。此外，这种社团还会败坏道德，而道德是宗教的基石和主要组成部分，并且只有宗教能够有效支撑道德，而道德是人类极其神圣且不可剥夺的权利。①

由于整个市民社会立基于道德和对法律的尊重之上，这样的社团必须被取缔；另一个原因是它威胁公民间的和谐共处。毫无疑问，完全由纯粹的无神论者构成的市民社会从来没有出现过，它也不可能存在。因为无神论者为了能够言行一致，他们除了眼前的利益外别无其他追求。但眼前的利益自身无法使人类团结，它只会分裂他们，因为这些利益只能排他地享有。例如，我吃的面包其他人吃不到。因此，眼前的利益自身只会让个体从事为自己攫取利益而不顾他人利益的自私行为。由此可知，仅由无神论者组成的市民社会无法持久。

当社团仅威胁某一特定宗教而非所有宗教时，判断哪些社团因不信教而应被取缔就成了更为困难的问题。

该问题有两个方面必须作仔细区分。一个是客观方面。只要仔细斟酌，人们就会发现真正的宗教只有一个，只有它有权存在并被称作宗教，因为其他所有宗教只能被称为迷信。另一个是主观方面；它涉及融入社会中的公民的宗教观念。这些观念尽管是虚假的，但公民们有可能真诚地相信。一般而言，政府必须认真对待

① 我们在《法哲学》（Ⅰ），48—58、87—127、144—238 中探讨了涉及真理、道德和宗教的基本权利。

这些观念。

个人有义务找寻宗教的客观真理,并且一旦发现了就追随它。这是良知所担负的义务。

政府有义务尊重公民的主观宗教观念和信念。因此,在判断一个社团不信教并因此应被取缔时,政府所遵守和司法分支所恰当使用的规则不能只有一个——应该根据公民自身的信仰状况适用之。让我们来考量这些特定情形。

我们首先考察这一情形,在其中,所有公民都信仰一种客观上真实的宗教,即天主教。显然,在该情形中,政府不能允许外人引入另一种宗教或在天主教社会中宣扬异端邪说和不敬行为并因此威胁到公民们的宗教信仰。不这么做,所有公民赖以保有并捍卫其宗教信仰、对抗任何企图诱惑他们和使其偏离其宝贵信仰之做法的主观权利和客观权利就得不到保证。而对公民尤其是他们的家庭而言,这是最重要也最应珍视的权利。

我们假定一些公民因此转向了虚假的信仰:政府该做什么呢?

我们同时假定这些信仰是无神论的和不信神的,如痛恨和冒犯神祇,甚至这些信仰对信教和不信教无所谓——这实际上是一种伪装的无神论。在这种情形中,如前所述,这些宗教将破坏任何市民社会的根基。因此,在给予有这种信仰的公民表达异见的充分的政治自由和不因其信仰而对其科以严刑峻法的同时,政府应采用一切可能的手段对抗那些反对者及其企图传播其有害教义的相关行为。如果这些社团已经形成,政治法院应该予以取缔。

如果上述虚假信仰不脱离一般意义上的宗教,而只是异端思想,那么政府应该:

第一，以任何手段阻止其传播，政府有义务捍卫真正的信仰，因为该信仰是真正的信仰，并且它是整个民族的信仰。

第二，保留这些异端表达其观点的政治自由。换句话说，不对其相关行为科以任何惩罚。

第三，这些异端建立社团以在其内部礼拜新的异端信仰（而不是已知的信仰），对此不能强行阻止，司法机关也不能阻挠这些社团。但应采取所有必要之预防措施以防止异端信仰的传播及真正的天主教徒对此的愤怒。

但如果这些虚假的信仰或其规定的礼拜形式意味着违背道德，即违背涉及人们相互之间的义务或尊重人性的那些道德规约，在此情形中，政治法院应该取缔这些社团并禁止其相关行为。

甚至在多数公民信奉错误信仰而只有少数公民信奉真正的信仰时，最好也使用上述原则。英明的政府应该协助推广真正的信仰，让人民知晓其是真正道德的，也是对所有公民唯一有用的。但政府这样做时不能冒犯已然确立的异端教派，甚至应该保护其所信奉的礼拜形式免受外部行为的侵扰（当然要排除我们之前提及的不道德行为）。此外，政府行为应该节制，以避免出现因不审慎的狂热而出现的严重不当行为，这会伤害而非助益宗教真理的传播。政府的热情应根据情形不同而各异，以不引起可能意图皈依真正之宗教的异教徒的怨恨。

这些是真理和美德不容侵犯也不可移易的权利。真理和美德总是有益的，并且它们是唯一对人类有利的事物。真理和美德能为人类带来真正的益处，并且它们为人类的其他益处和进步奠定了基础。所有人都有权宣扬真理，所有人都有权宣扬并促进美德。

有错的一方能够因为别人向其宣扬真理而感觉受到冒犯吗？当别人劝其走上美德之路时，生活在罪恶中的人怎么能生气呢？但谬误却站在谬误者和有缺陷者一方；当谬误者真诚宣扬其错误的信仰时，即当他们真正相信其正在宣扬真理时，那些以平和的言辞和明智且仁慈的推理意图使对方变得英明的人却不能侵害谬误者的权利。如果使人们走向真理对人类而言是真正的益处——至高的益处——因其将宗教真理看得无比重要，将宗教信仰视作道德的一部分，这一高贵的慈善行为变得更加值得赞扬。它是上帝赞许的道德，是人之道德和人性的真正基础。因为人类本性求真向善——主要是宗教真理和善德，这恰如其分——简言之，这是上帝的安排。人性倾慕上帝的荣光。对以令人信服的方式劝导人们走向真正宗教的言辞感到憎恶或感觉受到冒犯，这不是真正的人性。相反，这只是个别人的反应，甚至只是个别人偶然的异常反应。病人不会抱怨药物或为其治病的医生；他不会觉得将其治愈冒犯了他的身体，因为将其治愈就是医生的目的，除此之外，别无他求。而病人身体受伤或发炎的部分只是暂时敏感，他也是因为这个原因才会抱怨。但当其疾病被治愈时，他就会对医生为将其治愈而暂时造成的苦痛感恩戴德。

人们可能会问，如果政府自身不信奉天主教，或者其成员并非全部信奉真正的宗教，那政府该怎么办呢？在这一情形中，政府能做什么呢？

政府公务人员在任何情况下都要真正热爱真理和善德，并且必须找寻真理并使其生活符合善德的要求。

其次，在前述条件下，他们要尊重公民的所有信仰，不能伤害神灵，不能有无神论、冷漠或类似情形，因为这些想法违背了正义和道德。他们必须允许所有信仰自由结社以礼拜其神灵。他们必须保护这些礼拜行为，使其免受外部暴力或侮辱的侵扰。他们还必须保护市民社会中所有信奉宗教者的良心自由，法律和部门条例不能强制公民违背其良知，公民能够根据其真诚的信仰及其良知的本分完全自由地行事做人。

再次，这样的政府应真诚地促进并和平且审慎地推动其主观认为符合真理和善德的做法。易言之，它会在人民中间宣扬善德、正义、人性和仁爱，支持并尊重所有宗教信仰中其真心实意认为是真正的信仰。即其相信该信仰与道德契合，并且其包含或将产生一种更为纯粹、高尚且完美的道德。当政府所有公务人员都真诚地这样做时，尽管其可能犯错，他们会履行其义务而不会伤害任何人的权利或他们的良心自由。但政府公务人员或政府本身若对神灵或公民的信仰漠不关心或者秉持无神论态度，抑或冒犯公民信仰，乃至因此迫害公民，这决不能被准许。

因此，政治法院只能：

第一，以其不信教为理由，取缔那些冒犯神灵或包含违反人类道德义务之实践的社团。

第二，取缔那些由外国人发起并且法院真诚地认为其虚假信仰威胁本国公民之信仰的社团。

第三，取缔那些以明目张胆之行为扰乱本国公民之礼拜活动的社团。

第四，公民结社以根据其不同的信仰和宗教观点进行礼拜，对此，不能以不信教为由予以取缔。

这是政府的义务，它间接影响和促进属于宗教真理和纯粹道德的王国，同时它不会侵犯任何人的良心自由，并且其永远不能假定其治下公民的信仰不真诚。即便公民的信仰是错误的，也应该如此，政府甚至必须假定公民的信仰是真诚的。这是政治法院的义务。其在此事中不能有影响力，只有当社团属于上述四种情形之一时，它才能裁决其不信教。

这里，我们必须作出一个重要的评论。为了使政治法院能够行使其涉及不信教社团的职权，它需要准确地知道这些社团的哪些词句、观点或主张违反了公民们的信仰。它如何知晓这些呢？

不同的信仰和社团是事实。因此，法院知晓哪些社团守法哪些违法的唯一方式就是询问它们。在对这一问题作出判断时，行政分支自身无法胜任该工作。其决定只能立基于直接源自宗教的权威所作的判断。如果上述法院想要知道哪些内容属于犹太人的信仰，哪些违背其信仰，它必须询问犹太教堂并听取其意见。同理，如果法院想知道天主教所主张的真理以及与其相对的谬误，它必须诉诸天主教会和罗马教皇，后者是该教会的最高权威和教务的最高法院。行政分支自身对这些事务无法置喙。但一旦其收到了教会的相关决定，它必须将其视为唯一有效的证据，并据此作出哪些社团不信教的政治判断。



最后，行政分支必须宣布与本国宪法相背离的社团不正当，就如同违反该国立基于其上之根本法的社团一样。但在背离宪法的社团中，那些其设立目的就是讨论合法改革宪法之途径和手段的社团不在此列。该清单中只能列出那些在现行宪法之下不执行宪法规定或违反某些宪法条款的社团。

对前述论证我们可作如下总结——必须被取缔的社团是那些无政府主义的社团，我们将其归为两类，那些其建立目的是破坏作为市民社会两大基石的道德及信仰的社团；那些其建立目的是违反作为社会自身之基石的宪法的社团。

但由于在有些社会中这些应受谴责的目的可能被伪装成正直的目的，我们在第三十五条中表明政治法院必须予以取缔的另一种社团，这么做不会侵犯结社自由，反而是对该自由的一种捍卫。这些社团的问题在于，有证据证明其成员系统地滥用该自由以实现不道德和非宗教的目的，或破坏国家法律。这必须被绝对禁止，以维系市民社会及其赋予的所有益处。

无论如何，我们必须注意，如果那些社团带来的伤害不是系统性的，只是临时的和偶然的，我们就不能取缔它们。在这最后一种情形中，只是社团的某些成员以社团为工具实现某种秘密且不正当的目的，这并不是该社团创立者的初衷。因此，理性的做法是，在后一种情形中，一般会惩罚犯罪的成员；而在前一种情形中，该社团自身会被取缔并遭受谴责。



**第三十六条　公民依法和平非武装集会的权利应予承认，法律规制该权利的行使以服务公共利益。**

本条款不适用于在公共场所或对公众开放之场所的集会，这种集会需完全遵守警察法。

一些现代宪法满足于表达公民所享有的集会权，同时没有明确提及结社权。但这两者是公民不同的权利，必须予以保证。有些社团从不集会，例如意大利著名的科学社团德·夸朗塔（de' quaranta）就是如此。也有一些临时集会，但它们不是社团。

因此，我们规定，集会必须和平且非武装。因为这是一个市民社会的首要律法。这也是文明的首要条件。换句话说，意图实现其权利的个体不做自身事务的法官，转而向法院寻求其权利的实现。因此，以武力保护权利的做法仅限于政府，其也有权对权利立法。当和平集会受到其他派系的威胁时，政府有义务以安全力量捍卫那些集会。如此一来，公民若将武器带到集会现场，这些武器既不能保护集会，也无法维护正义，因为这两个方面既是政府的义务，也是政府的职责所在，在一个规制良好的社会中，这些出现在集会中的武器不会有诚实的目的，它们只是为了阴险的目的而滥用武器，法律对此不能容忍。

政府享有的一项不可剥夺的权利是规制公民权利的行使，因为市民社会即为此目的而建立——规制权利实现的方式，这当然也包括集会权。[①]



但宪法需要将该规则以被国民认为公正、必要且恰当的法律来实施。国民由三个立法分支来代表，因为如我们已经表明的，市民社会并不完美，需要以法律而非一般的戒律规范来规制。[②] 如此一来，任何滥用权力的危险就会被去除。

至于在公共场所或对公众开放之场所举行的集会，就其本质而言，它们更加危险，因为它们会吸引未受教育的民众，同时无法区分好人坏人。作为结果，坏人可能会利用集会破坏社会并侵害公民自由。因此，负责维护公共秩序、公共安全和捍卫权利的机构

---

① 《法哲学》(Ⅱ)，1586—1593。

② 同上书，2427、2428。

必须对那些集会知情并对其特别警惕——警察法满足了这一要求。

公民在公共场所的集会不能没有局限和限制,这也有司法上的原因。该原因就是,公共场所不是私人财产,没有人能够专享。社会作为一个整体拥有公共场所,每位公民都享有同等的使用权。因此,如果一些公民随意且不受限制地占据公共场所,其他人就无法自由使用这些场所,这侵犯了所有人的共同权利。

**第三十七条　出版自由,但法律禁止滥用出版自由。教会有权进行审查,但无权施以国家刑罚。**

抑制滥用出版自由和确定法院就相关诉讼适用何种程序的法律制定起来极其困难。就该问题而言,完美的立法还没有出现,甚至在那些出版自由已被主张了很长时间的国家也是如此。对该自由之滥用造成的危害随着相关法律的完善而减弱,但其从来没有完全消失。相反,它们在各个地方仍十分严重。这是不争的事实。

但最为可悲的是有些政府非常鲁莽,它们主张绝对的出版自由,并且在任何抑制或限制对该权利之滥用的法律没有出台之前就开始推行该权利。如决堤的激流,急躁的出版业立即从一种严格且挑剔的审查制度规制之下走向信马由缰的自由。拥有无限制从业资格的出版业用其愤怒和激情攻击并破坏了宗教、道德、公共秩序、声望、法律和社会的根基。意大利出版业滥用自由造成的各种危害,我们有目共睹。

因此,出版业必须自由,但前提是要制定有针对性的法律,以尽可能地惩罚经由滥用出版自由而犯下的罪行。没有任何约束性法律规制的出版自由是荒唐的。这不是文明,而是重回野蛮状态,因为这种情形意味着没有文明规制的自由。随着相关犯罪受到法律的约束,之后应扩大出版自由。

出版业最适合采用陪审团审判制度。但很明显,陪审员必须在知道如何判断相关问题的公民中遴选。由于国家公诉人或受侵害方诉至主管该法律之适用的政治法院的罪行可能涉及不同的论争,因此,应组成不同的陪审团来支持政治法院的审判活动。

本条款主张出版自由,同时承认教会有权进行审查,该审查权毋庸置喙。逻辑上讲,政府不会侵犯该权利,因为其承认宗教和天主教会。宪法应正大光明地对待所有事物。如果其承认天主教会,就必须真正承认它,承认其真实的存在状态,也即耶稣初创时的状态。

另外,应由教会自身来判断是否有必要进行审查。无论如何,拥有教会支持的作家也不能豁免于国家法律,政府也不能对教会审查科以任何刑罚。



教会和政府各自保持其自然且正当的独立。

**第三十八条　公共场合应由依法确立的预防措施予以规制。**

公共场合需由本条款所规定的预防措施规制,这是公共道德的要求,也是父母有权保护其子女之童真的要求。

**第三十九条　确保教育自由。法律规制该自由,并禁止其被滥用。**

教导他人时不会遭遇禁令、障碍和政府的繁文缛节,这是人性的宝贵权利。因为在真理和科学面前,政府雇员没有使其优先于其他公民的权威,政府权威在这些方面无能为力,这些方面只适用纯粹理性;在涉及神圣事务方面,则适用教会的教义。

此外，无可争辩的经验已经确认了下述事实，政府以指导教育为借口，形成了对教育的垄断，并创制了一种非常微妙的专制手段。

竞争及其对公共意见的影响是宪政国家的真正君主，它们足以保证给予教育及教师充分的正义。

当然，有必要制定强有力且充满警觉的法律，以惩罚对该宝贵权利的滥用。

**第四十条　商业自由及工业自由是本国经济法规的基本原则。**

人们有权利用其能力为自己谋福利。因此，产业自由，它构成了**法院面前之自由**[①]的一部分。

市民社会的目的之一是保护公民的所有权利和法院面前的自由这一范畴中所包含的权利。从权利原则得出的论据能够证成工业自由及国内贸易自由。这些原则排除了任何形式的垄断。

同样的结论不能适用于国际贸易。根据该权利，一个市民社会可以排除源自另一社会的国际产品。这是因为，一个市民社会的成员不享有另一社会的公民权利。在这方面，他们不享有社会平等权。如果一个社会想要拒绝购买另一社会的产品——或者只想在特定条件下购买这些商品——这是该社会的自由，它并没有侵犯另一社会的自由。这是一项无可争辩的权利原则：一个人自然地行使其权利会限制其他人的自由时，他可以合法地这样做。[②]

避免购买某物是每个人基于其自由而享有的此种权利。这里

① 《法哲学》(Ⅰ)，n.245—282。

② “权利衍生的原则”，第2章。

政治经济学会发挥影响。政治经济学表明，贸易自由能使所有国家互惠互利，但前提是任何一个国家都不积累并分配人为财富，而一个长期处于禁令制度之下的国家就会出现此种情形。目前欧洲所有国家或多或少地都存在这种情形，因为政府一厢情愿地以人为机巧取代自然规律，并认为那种人为机巧能带来任何想要的好处，而自然规律则遭到破坏并被缚住了手脚。考虑到所有欧洲国家都是此种情形，现在有必要使其逐步回归贸易自由，留出充足的时间使财富回归其自然进程。如果我们意图立即且急剧地实现这一目标，这会对私人财富造成极为严重的伤害。当然，在宪法中有必要宣布这一原则，即我们想要实现这一自由，并相信政府知道如何实现这一目标。这是本条款的精髓所在。

**第四十一条　所有公民均可依其能力大小和适合与否而承担公职。**



本条款一视同仁地号召人们将所有才能用于公共服务。以此种方式，它甚至为那些一无所有者打开了改善其经济条件的大门。每个人根据其才能自由竞争担任政府公职，这一点得到了本宪法第十五条的保证。该条款规定，法律自身决定君主选择并晋升其雇员的方式。因此，知晓所有竞争者之品德、才能和适用性的最佳方式应由全国人民来决定。很显然，本条款符合正义原则，因为它和第三十条都立基于相同的原则之上。

**第四十二条　全民皆兵。有教职和有国家所必需之公职者可免除兵役。**

**征兵依法进行。兵役负担由所有公民平等担负。**

在宪法中表明全民皆兵等于宣告全社会所有成员都有义务在

必要时保卫国家。但国家需要所有公民以武力进行保卫的情形非常罕见;在有些国家,这种情形从来没有出现。并不是所有公民都处在可以参军的年纪,另外,并非所有公民的身体状况都允许其参军。因此,有必要依法征兵或选拔征兵。

此外,除了极端情形外,国家不仅需要军人用武力来保卫她,同样也需要宗教、政治及市民社会等方面的秩序,这些秩序使国家以有组织的统一体形式存在。因此,以上述方式维系相关秩序的人得免除其以武器保卫国家的义务,因为他们的工作同样有用或必要。国民军的重担既关乎人身又关乎财产。财产方面的负担由纳税人担负;人身方面的负担必须由所有人平等地担负。

宪法规定,面对国内国外敌人时,如有必要,所有公民都有义务参与国防。

经由此种方式,富人贡献更多,因为他们既出钱又出人——这是公平的,因为他们从国民军那里得到了双重保护,也即他们的财产和人身都受到了保护。



但为了使所有人在人身负担方面真正平等,有必要让那些不能亲自参加国民军的人以金钱的形式作出补偿。必须以恰当的法律规制该情形。

**第四十三条　国民卫队依法建制,是军队的一部分。**

**君主可解散国民卫队并于一年内重新召集和重组之。**

必须视国民卫队为军队的一部分,但国家需要时,他们能够被调动。给予君主的解散并于一年内重组国民卫队的权力不会带来任何专制的风险,这样做对国家安全却很有必要,因为卫队内部还会形成不同的政治集团。这不仅是因为法律规定国民卫队必须总是在一年内完全重组，而且因为起草皇家法令的大臣对议会负责，还有一个原因是，根据接下来要讨论的第四十五条，国家公权力必须被用来执行法律和法院判决，不能用作他途。另外，根据本宪法规定，君主只能依据民族精神来采取行动。

在法国，解散国民卫队以维系公共秩序的情形出现了许多次。1831 年 3 月 22 日的法律为法国国民卫队确立了一种规模更大也更新的制度。该制度最初在属于 17 个区的 2 490 个市被暂停。1832 年 11 月 25 日，在之前被暂停的市中，有 390 个恢复了国民卫队。①

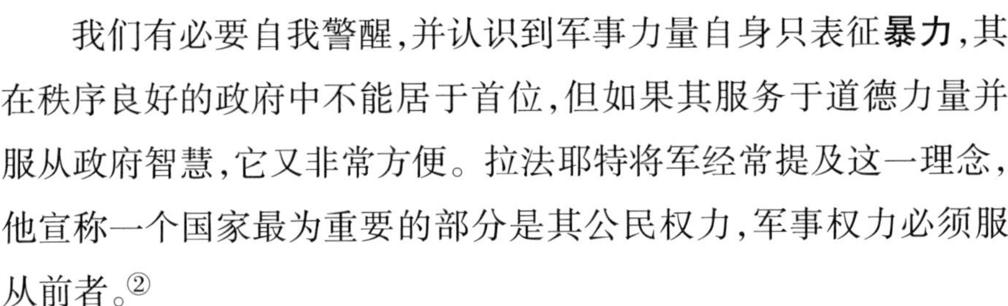

我们有必要自我警醒，并认识到军事力量自身只表征**暴力**，其在秩序良好的政府中不能居于首位，但如果其服务于道德力量并服从政府智慧，它又非常方便。拉法耶特将军经常提及这一理念，他宣称一个国家最为重要的部分是其公民权力，军事权力必须服从前者。②



如此著名的战士所主张的这一伟大箴言能使社会免受暴力的主导，英明的宪法必须将其深深铭记。因为如果出现坚持相反原则的宪法，也即如果宪法支持军事力量独立，或者至少事实上独立于政府权威之外，人们就能恰当地认为危机时刻已经来临，并且那

---

① 从上述 1831 年 3 月 22 日法律颁布起的最初 18 个月，法国共发布了 40 条解散国民卫队的法令，其中 11 条没有解散全部卫队，而只是解散一个市的一个或几个连队。其国民卫队遭到更为频繁解散的城市都在西部边境：博凯尔（Baucaire）、格勒诺布尔（Grenoble）、莱昂（Leon）、索恩河畔沙隆（Chalon Sur Saone）和科尔马（Colmar）。这是因为，法国的这一地区军事及革命习惯盛行，选举使得那些总是作为反对派且很难容忍权威的行动派成了国民卫队的领袖。

② 在这位伟人的书信中，这一重要原则多次出现。

些宪法背后是改变公共秩序的欲望。

正是出于这一原因，军事力量不能享有超越政府其他雇员的特权。因此，在宪法中写入一个特别条款，规定“非经法律途径，不得剥夺军事人员的军衔、荣誉和退休金”，这让人觉得非常傲慢，因为同样的规定要么同样适用于军民双方，要么对谁都不适用。意大利一些宪法中的这一条款似乎伤害了民事平等权，并且表明该宪法的制定受到了对某个无政府主义政党之恐惧的影响，必须对其作出让步。

**第四十四条　军队依存于负责的政府部门之上，此依存关系不得破除。**

**代表君主所作出的军事命令经内阁长官签批后生效。**

没有本条款，没有军事力量对公民理性的服从，我们就没有公共秩序，只有无政府状态。本宪法第十四条已经规定君主掌控所有陆军海军。但根据第七条，如果没有内阁长官签批，政府行为没有任何权力，因此，君主的军事命令需要政府内阁长官的签批才能生效。军事力量因依赖内阁长官而受到约束。

内阁是行政权的强制性工具，因此它必须包括政府所有各分支和部门的长官，包括军队长官，因为军队的用途在于执行保护国家和使国家有秩序的法律。为了这一目的，负责监督军队的长官应是军队自身的一个高级将领，但其没有真正的指挥权，而有指挥权的将领由君主直接确定，并且在和平时期需经提名产生。最好还要有一个没有指挥权的国民卫队首领，他同样隶属内阁并监督军队。如此一来，军事权力将被严格绑定在内阁上，其暴力将服从道义，这对构成公民秩序的公共和平具有至关重要的作用。

但是，君主和代表君主的当值将领应自由地行使军队指挥权，这不必以内阁法令的形式进行。

有些宪法保证军人的荣誉和军衔，非经法律法规要求，不得予以剥夺。但这一安排带有令人生厌的特权意味，这是一个想要使军事力量部分地独立于公民政府的党派从立法者那里窃取的特权，其用意是与公共秩序为敌。

军衔和军事荣誉应享有与政府其他雇员之职级和荣誉相同的待遇——不能多，也不能少。两者都应立基于君主和负责的内阁长官对它们的信任之上。对政府之诚信没什么信心，就不会有服从，没有服从就没有秩序。宪法不能完全立基于对行政权永恒的不信任之上，而如果我们乐于将其立基于这样一种令人不安的基础之上，那么它无论如何也不会持久。从一个负责的内阁长官产生之日起，他就必须雇佣其完全信任的雇员。因此，他或者最好是君主假其之手享有雇佣或解雇军事或民事雇员的完全自由，不必经历任何形式的司法过程。否则，内阁长官的职责不能完全实现，而其必须得到完全实现。变更其属员的权力是内阁长官职权的合逻辑的结果，没有这一权力就没法进行管理。

另一方面，如果选任或辞退内阁长官时君主享有这一自由，为什么涉及较低层级的雇员时这一自由就不被承认了呢？这不是一种新的前后矛盾吗？

如果内阁长官和君主觉得那些雇员不胜任而解雇他们，政府也不能负担对他们有利的退休金。我将重申：行政权必须强大，如果要完全实现对国家的善，行政权必须完整且不能被削弱。公共服务比任何特定集团的利益更重要。

**第四十五条　法律及判决必须被执行。公权力必须被国家用来执行法律和法院判决，但不能用作他途。**

这包括两部分内容。一是我们使政府有义务在必要时为执行法律和法院判决而在本国内使用公权力，因为在一个秩序良好的政府治下，法律和法院判决必须被及时且强有力地执行。因此，即便政治法院的判决也必须得到宪法法规的支持，内阁长官若不执行它们就是犯罪。二是本条款禁止君主和政府在一国之内将公权力用作他途，而非执行法律和法院判决，这使得法律能够服从理性并去除了专制的危险。

因此，本条款确立了内阁长官的两项责任：一项责任涉及当必须使用公权力时没有使用公权力；另一项涉及当不能使用公权力时却使用了公权力。当内阁长官因上述两个原因之一而被诉至最高政治法院时，本条款为后者的相关审判行为提供了一种规范和支持。

**第四十六条　市政及省级机构和区划依法决定。依照法律，代表选举时所得选票以一定比例作为市政委员会和省级政务委员会成员选举的基础。**

尽管我们一直在讨论的直接税是直接交付国库的税收——而非市政税收和各省税收——但我们必须意识到，其比例是相同的，因为市政税收和各省税收遵循本宪法第三十条为所有国家税收确立的法律。因此，确定每张选票产生方式的规范只有一个，这简单明了。

本条款的这一规定使各省市的相关安排与国家的一般性组织方式相一致。

宪法是母法，而其他法律都是子法。宪法必须为政府每个分支确立管理规范。本条款包含着涉及省市机构之所有法律的基础。

这里，我们必须意识到，在省市政务委员会成员选举中——坚守选票与公民向国库缴纳的税金成比例的原则——选举只能依据省市区划内公民财产的收益进行计算。因此，在几个省和几个市同时拥有产业者是所有相关省市选举的一分子，不管其居所在何处。

# 第10章　宪法第四章条文的原因分析

**第四十七条　立法院有权讨论并投票表决被提交的法案，一旦得到两院多数支持，法案即送交君主批准，君主可酌情批准或拒绝批准。两院可接受要求进行立法的陈情，并拒绝其他陈情。陈情者必须根据这些陈情的内容直接向执行机关或司法机关提出。**

**两院有权进行咨询和调查，该权利仅限于为立法收集必要信息，两院还有权向相关法院提起诉讼。两院不能否决执行法律和判决所必需的公共基金。**

本条款的必要性非常明确，因为没有什么比将国家各种权力限制在其相应范围之内更为必要。没有这一条款，国家机器中会产生一种权力混淆，权力之间的相互争斗就不可避免。政府各种管辖权间的相互侵扰将导致无政府状态。

各种现代宪法从来没有考虑过这一至高无上的需求，而这一严重缺陷也是其快速灭亡的重要原因。

最难将其限定在自身范围之内的权力是议会权力。制定本条款的目的就在于此，它经由政治法院获得生命和执行，后者将其适用于各类案件。

有一些轻率鲁莽的人，如果你告诉他们有必要将议会限制在宪法赋予其的权力范围之内，他们会像发怒的豪猪一样剑拔弩张，就像对议会权力的限制约束了公共自由一样。这些人要么太过狂热,无法与其理论,要么他们想要的是无政府状态。如果不对议会施加任何限制是正确的,为什么所有宪法都赋予议会一种特定的权力呢?为什么不将其他权力部门全部取消并将所有权力集中在议会呢?如果国家中没有法人[①]能拥有无限权力,或者专断随意运行,那么,所有法人——甚至议会所代表的法人——都必须被限制在其权力范围之内,不得侵入其他权力领域。否则,秩序会被终结,混乱将取而代之。

整个国家自身承认个体道德、正义以及社会道德、正义的界限,其不能超越这些界限。将国家与议会混淆是个巨大的错误,因为议会代表人民而非国家。此外,议会不是人民本身。我们有时看到议会脱离人民,被其自身利益败坏或者被不同政党主导。因此,一部良好的宪法提供恰当的手段,将议会限制在法律赋予其的边界之内并迫使其行走在合法的道路上,这才恰如其分。

所以,本条款约束议会权力并对其施加限制。

议会权力主要涉及讨论并票决法律,君主同意或拒绝批准那些法律的权力是对议会权力的限制。

当君主拒绝批准议会投票通过的法律时,人民或国家的其他权力部门都无权以暴力对抗君主,因为这是君主的权利。如果该法律确实有用,可以在议会的另一议程中再次通过该法律,之前拒绝批准该法律的君主或者另一位君主可以批准它。如果一个民族没有耐心等待政府的不同权力经由相互协调的运作产生有用且恰

① 《法哲学》(Ⅰ),1650—1652。

当的法律,该民族就还不懂自由的真谛,并且还没有成熟到可以践行宪政。这样的民族就像一个野蛮人,他还不懂一台机器的工作原理,不知道机器需要花时间开动才能产出一件产品,还没等到产品被生产出来,他就丧失了耐心并将机器砸得七零八落。缺乏耐心,希望政府将人民欲求的事情都即刻完成,这是一种非理性的动物本能。一个民族受人蛊惑煽动时就会表现出这种动物性本能,它会毁掉最美好的制度。另一方面,明智者知道,美好且实用之物需慢工出细活,如此一来,它们才能历久弥新。

其次,议会权力涉及对陈情的接受。但该权力只限于接受那些要求立法的陈情,这是因为,议会权力几乎只是立法权,它不能干涉行政权和司法权。本宪法体系对公共利益的保证主要依靠对三种权力的准确区分:如果三种权力混淆,这样一种政府体系的基础就会被完全颠倒。这是目前欧洲所颁布的各种宪法的缺陷之一:赋予立法院接受各种陈情的权力,甚至包括那些要求执行法律或准备审判乃至判决的陈情。因此,立法院必须拒绝这些陈情,那些提出这些陈情的人必须直接将其提交行政权力部门,即君主或内阁大臣以及胜任的法院。当行政权力部门或法院没有履职,则可以求助最高政治法院。

再次,解释权和调查权属于立法院权力。但这些权力也受到限制,解释和调查仅限于获得立法所必需的信息或将某一指控诉至胜任的法院。

最后,议会有权批准行政权力部门的公共资金——但即便在这一情形中,最好也限制这一行政权力。在如君主宣战、公共工程和慈善捐赠等事项上,议会可以拒绝批准相关资金。但如果相关部门能够表明这些资金是执行法律或法院判决所必需的，就不能拒绝批准。这是因为，本宪法第四十五条规定，宪法和法院判决必须被执行。因此，如果立法院否决了执行法律所必需的资金，它们就是前后矛盾，因为是它们制定了那些法律。它们这么做将违反宪法，因此，它们必须向政治法院作出解释。议会对行政权力部门提出的反对意见必须真诚且直接。妨碍执行法律和法院判决并因此扰乱政府正常运行，这种反对方式既不合法也不道德，因此，一个管理良好的政府所制定的宪法必须排除这一行径。

**第四十八条　立法机构分为两院，两院成员都需选举产生。**

为什么需要两院制？

如果只有一个立法院，皇室便不会安全，国家也会因此而不安全。假定只有一个立法院，它与君主不可能不经常爆发冲突。



此类冲突中，国家站在哪边呢？毫无疑问，整个国家会支持立法院，后者能发出很多影响国家的声音——其所有成员及其授权的所有选举人都会发声来影响国家，而君主只能发出其自己的声音。

其次，大产业主和小产业主的利益经常对立。因此，如果由两院来代表这两种利益，那么，君主只要在两者之间寻求恰当的平衡就能确保其健康的权威。

只有一个国务院是可以接受的，因为其权威纯粹是商榷式的，而只有一个立法院则行不通。

也不能说古罗马的元老院是一院制，因为其权力与人民权力相制衡，就如护民官的权力与执政官的权力相制衡一样。全体人民事实上构成了古罗马的第二个立法院。但在我们这个时代，人民不能与一个立法院相制衡，因为他们会合二为一，原因是立法院只是人民的代表。相反，罗马元老院代表其自身，那是真正的贵族制。我将重申，一院制只代表人民，而君主将独自面对人民和立法院。

此外，还有其他原因表明一院制对整个国家既不公正也无用处。

大产业主和小产业主的利益是两分的，如果他们被一院制合并代表，拥有更多投票的一方将压制另一方，而多数派会牺牲掉少数派的利益。因此，使两者拥有相同权力和相同投票权以使两者可以制衡，这样更好。

一院制可能过快地票决一项法律，并且没有上诉机会。因为如果出现鲁莽的决定，只有一张反对票，那就是君主的反对票。一票对一票，势均力敌，不会创制上诉机会，只会带来争斗。一票对两票则不会带来争斗，而是创制上诉机会。不能想着简化对法律的审查，考虑到我们充满激情的想象力，我们更应该想想，采用一种三重投票制度或英国议会的"三读"制是否更好。

为什么两院都必须选举产生？

真正的贵族制不存在时，上院就不能存在，而意大利就是这种情形。在存在真正的贵族制的其他国家，贵族和人民之间存在天然的斗争。找寻自由的仆佣和贵族气质格格不入。

当人民满足于受奴役状态时，就会出现君主主持的议会，并且没有平民阶级代表。

当自由民开始与工商业所带来的小产业共同存在时，平民阶级就想有自己的代表。两院因此产生，它们代表这两种相互对立的要素。由于斗争没有被消除，只要两院相互制衡，斗争就不会爆发——除非作为调停者的君主与其中一方共谋。

如果有自由民而没有封建贵族，成立上院就是巧妙地为国家引入两股势力间的斗争。

这一人为且非自然的要素迟早会被驱逐，并且只要其存在，它就是可能引发革命的病菌。此外，尽管上院很重要，但其与主权的当下状态不合拍。对立法院而言，立宪君主如同中世纪时的国王，他与其全副武装的战友争夺已被征服的领地。另一方面，要想无视封建贵族的残余注定会消亡这一事实，就得无视社会发展潮流或者自欺欺人。也没有人想保留封建贵族。当下，在注定会被时间扫进历史的垃圾堆的已然破败不堪的基础之上创制一种政府形式，这不可能是英明且远见的政治。

也无法争辩认为两个选举产生的立法院给予了人民太多权力。如果以等额投票的方式选举产生立法两院，情形会是如此；但以与财产成比例的投票权重选举产生立法两院，真正重要的不是公民数量的多寡，而是财产的那些收益，这恰恰是需要被立法保护的权利复合体。由此得出，第一立法院有效地代表了事实上存在的贵族，即财富贵族。这有如下优势：这些现代贵族的权力（如果我们能称其为贵族的话）彼此不同，并且其与家族姓氏或王朝无甚关联，其资格只因其自身而存在；它的衡量标准是财产本身，它是真实且公正的权力，它将所有欺骗排除在外。

将所有因素考虑在内，财富复合体追随着社会平衡中弥足珍贵的其他品质复合体，如文化、教育、独立、遗传能力（不考虑特殊的例外情形）。视财富为上述品质的一个表征没什么错，因此，一般而言，赋予人们与其财富成正比的投票权，也就是赋予了与财富相关联的其他品质以投票权，也就是人们常说的赋予能力以投票权。因此，可用该制度进行衡量的任何一种贵族制都会被自然地引入立法院，而不会造成其与人民之间的摩擦，也不会如特权那样引发人们的厌恶。它与人民相融合，与人们遵守相同的法律，毫不含糊。

**第四十九条　各省人口除以 15 000 即为本省代表数量。如果结果非整数，忽略余数，整数进一。**

本条款确立了各省代表的全部数量，使其足以代表所有利益，同时，代表数量又不至于多到在处理国家事务时制造混乱和不必要的拖延。

本条款确立的代表数量多于其他现代宪法所确立的数量，其原因在于，在本宪政工程中没有上院，代表们被分成两院。这非常有助于实现充分代表国家利益并以更多的地方性知识处理国家利益的目标。



在上文对本条款的注释中，我们已经提到了确定代表数量时的比例，其目的是当国家人口超过 500 万时代表数量不至过多。

**第五十条　两院成员人数相等。**

两院成员人数必须相等。其原因是，如果两院成员人数不等，一个立法院将为了其所代表的利益而凌驾于另一个立法院之上并形成宰制，并因此而种下一颗新的革命种子。

当两院权力完全平等时，它们就像一个天平的两端，给其中一端加上哪怕最小的重量，都会使天平失衡。因此，两院权力平等，君主居间调停就变得非常容易。但如果一个立法院比另一立法院更为强大，每次君主决定站在较为弱小的一方时，其权威必须超越两者权力之间的差额。

另一方面，如果君主得到较强立法院的支持，其专制将变得不可战胜——并且会采用最为合法的形式。

上院或参议院与民选代表组成的立法院之间不可能有真正的权力均衡，因为民选立法院会主张其是国家的唯一代表，而人民也相信这一点，因为它是人民选举产生的。因此，上院或参议院会被认为是对抗整个国家的权力机构——一种例外的特权性质的权力，它总能引发人民嫉恨，并且不能获得人民的信任。相反，当两院都由选举产生时，它们代表相同数量的权利，其成员数量相等，因为其真正享有平等权力，它们同等地享有公众的信任。这是我们的宪法拒绝上院的一个新的理由。

**第五十一条　第一立法院由大产业主选举产生，第二立法院由小产业主选举产生。**

**第五十二条　大小产业主的区分以其向国库缴纳的直接税为依据。**

**第五十三条　代表由选举院选举产生，每个选举院选举一名代表。**

**第五十四条　直接税数量除以代表总数，所得即为选举院所表征的配额。**

**第五十五条　足够数量的大产业主组成一个选举院，它向政府支付该选举院表征的配额作为直接税。如果只有一位产业主向政府支付作为直接税的配额，那么就由他一人来选举代表，他甚至可以选举自己作为代表。如果两位产业主一起向政府支付上述配**

**额，则两人都参与选举代表。同理，选举院首选与其他支付更多配额的选举院联合，各选举院根据支付配额多少等而下之。因此，当更多选民支付更少以组成选举院时，选举院数量就会更多。**

**第五十六条　前半数选举院选举产生第一立法院成员，后半数选举产生第二立法院成员。**

上述六个条款形成一个新的选举制度，我们相信这是唯一符合社会正义的选举制度，它也是唯一能够为组织国内政府提供坚实基础并保证其平稳和持久的选举制度。选举法必须实现该选举制度的所有方面，克服其执行中出现的所有困难，并制定其执行的程序性规定。本宪法确立了这些原则。包含这些原则的这六个条款必须全部呈给各位读者，以使各位读者在作出判断时知晓整个制度的复杂性，而不是只知晓各个分立的部分。

该制度做了两件事：

第一，与其他制度相比，它使得更多公民参与选举代表——我们将很快知道——参与选举代表的公民比所谓的普选制还多，也比法兰西共和国采用的选举制度更多。

第二，它给予选民的不是如其他制度般等值的投票权，每张选票的权重与每位选民代表的权利复合体成正比，因此，必须被保护的所有权利和利益在立法院中都能同等地发声。实现该目标的方式是，允许拥有更少利益和权利的公民组成数量更多的选举院。第五十四条对此已有规定。

这一选举制度是市民社会必须立基于其上的两大基点之一——我们在第三章中曾有所提及。市民社会依据理性和正义原则构成，这些原则是连贯和安宁的唯一来源。因此，我们有必要详述本宪法这一部分的原因,提供比其他部分更多的细节。我们感到,我们需要面对这个时代的所有偏见和雄辩的法国从我们这里窃取的大众权威的全部重压,而就我们自身而言,我们心智中可悲的奴性使得法国有机可乘。在如此重压之下,我们几乎目不能视,我们也没有头脑来理解曾出现和正出现在我们面前无数令人恐惧的事件,其实这些事件本能够使我们意识到我们信任的权威所宣扬的价值荒谬绝伦且空洞无物。最后,我们意大利人——其实不光我们意大利人——至少到目前为止盲目地听信那些言辞而对那些事实视而不见,其实后者才能告诉我们真相。因此,我希望我的同胞们对此格外注意。选举权不应立基于人数,而应以财产为标准。

所有立法者都是为了自身利益而立法。这是经验和人性不容争辩的原则。

如果立法者一无所有,他们一定会利用其手中的立法权剥夺他人财产并将其据为己有。财产不能自我防御。因此,选举中的财富门槛一直都是被接受的。

但选举中的财富门槛或者太高,或者不足以保护财产。它要么过高,要么过低。

如果选举中财富门槛过高,许多产业主没有选举权。如此一来,或者为了成全更大的产业主而将其牺牲掉,或者他们尝试通过革命获取其有权获得但却被剥夺了的选举权。如果财富门槛过低,立法权则会听命于较小的产业主,后者则利用立法权剥夺更大的产业主。

我们应谨记这一原则,所有国家政府的历史都证明了这一点:无法发出自己声音的财产——没有被相应程度的政治权力所代表的财产——无法被保护,因此其受制于旨在剥夺这些财产的立法安排,并迟早会被剥夺殆尽。

就其结果而言,普选制和平分所有财产是相同的;我们这个时代平等主义的法律最终会走向共产主义。平等投票权之于拥有特定量财富者与普选制之于大产业主一样,有着相同的缺陷。

1789 年法国革命最为直接且有效的起因是什么? 选票给了人而非财产。

在中世纪,为什么平民阶级和城市共和国兴起? 因为脱胎于工商业的小产业主想要有自己的代表,而这无可厚非。最终,他们为自己获得了权力。

为什么在山区、地产分布极为分散的地区或者土地数量充裕人们唾手可得的地区,更容易确立并维系民主制? 而在拥有大块地产、人口众多且贫富差距较大的国家,从来没有自然地确立民主政府——或者即便通过暴力或非自然的手段确立了民主制,它也无法持续或持久,这是为什么呢? 因为在第一种情形中,如果所有公民大致平等地参与政府,并且其对政府施加的影响与其财产成正比,这是公平且自然的。相反,在后一种情形中,如果所有人平等地参与政府,少数富人是极少的少数,并且因此任由无产者摆布,这不公正,且扰乱社会秩序。

总之,可以确定的是,如果财产没有相应的政治上的代表,它们就不安全——这种安全性与我们所说的政治权力若不与相应的财产相关联就不安全是一样的。那些政治权力超过其财产的人会用多出的权力为其攫取与该权力对等的财产,那些财产多于其政治权力的人则会用多出的财产为其攫取与该财产对等的政治权力。争斗是确定的,尽管结果并不确定:当财产和权力之间的失衡达到一定程度,就会爆发革命,只有当被打破的平衡得以恢复,才能重现和平。

因此,如果我们想给予市民社会一个和平且稳定的状态,只能在该社会架构过程中使每位公民的**财产与权力达致平衡**,权力分配的结果是那些拥有更多财产者也拥有同样多的权力,以相同的比例,那些拥有更少财产者则拥有更少权力。在后一种情形中,每份财产都有其政治代表,这是其天然的保证,并会代表这份财产发声。

古罗马基于下述思想形塑其百人队(centuries):无产者被编入最后一个百人队,并且他们只能投一票;不准他们参军。孟德斯鸠正确地指出,罗马百人队制度是罗马之强大及持久的诸多因素之一,因为经由这一结构,政治权力依公民所拥有财产的比例进行分配。

给予所有人或几乎所有人相同的投票权就等于将立法权交到无产者手中,因为他们是大多数。在这一体系中,选票只查人数,而不管人们所拥有的复合体权利,而这些权利必须被保障。

如果探究现代社会中所有动荡的根源,并且如果将各种掩饰和用于掩饰的各种语词放在一边,我们将会发现真正要谈的就剩两件事:一是从财产所有者那里窃取财产(换句话说,假人为社会机制之手使财产落入无财产者手里);二是以各种经常是愚蠢和不公正的手段捍卫财产。

让我们从另一个角度审视该问题,这同样重要,我们将会发现我们会得出相同的结论。

如果考察各国现代宪法的起源及其形构中体现的精神，我们发现制定这些宪法的立法者偏离了两个原则：有些立法者偏离了人民主权原则，有些则偏离了致力于启蒙和正直的集体政府原则。

第一部分立法者从人民主权原则推论认为每个人都有权平等地参与政府——这几乎等于认为主权与人的本质相联，而不是社会关系的结果；他们混淆了**自然平等**和**社会平等**。这些人自然会创制一种普选制。

第二部分立法者的目标仅在于拓宽政府根基并使尽可能多的人成为其一部分——不是因为他们有这样做的权利，而是因为经由号召很多人参与共和国，他们希望以更为开明的做法改善并强化政府。这些立法者的思维没有超越**封建领主**政府或者至少是**专断**政府这一古老概念，其本质是，统治者——不论是个人还是集体——以其智慧和正直掌权，但不承认被统治者有影响政府自身或使其负责的任何权利。遵循这一思路，他们开始想象各种手段，以确保人们代表由拥有智慧和正直品格的人充任，其中之一是为选举人确立一个财富门槛，并为被选举人确立一个更高的财富门槛。

这两个原则启发了那些现代宪法的制定者，它们经常合二为一，因此，立法者们并没有准确且清晰地知晓他们到底遵循的是哪些原则。

一组立法者遵循的原则是错误的，另一组立法者遵循的原则其用意是好的，但在现实情形中不够充分。其内部包含这两个原则的宪法（所有现代宪法都是如此）也都深深地植入了两者的缺点，但其中一个缺点被另一个缺点缓和了许多。

这两个原则中的第一个是错误的。如前所述,这一点可见之于下述事实,即其混淆了自然权利和社会权利。

就自然权利而言,人人平等,但这并不表明在人类社会中他们必须平等。公民共同生活在一起组成社会——一个特定的社会。[1] 因此,它不能缺失对所有社会而言至关重要的要素。基于一般社会之本质的共同社会权利也适用于这一特定社会。

根据这一普世社会权利的最为简单的要素,向社会缴纳更多资金者分享更大回报,并因其在该社会中拥有更多利益而在该社会规制方面享有更大影响力。相反的意见显然违背常识和正义。[2]

我们假定一个社会中有几个大产业主、一些小产业主、一些农夫、有权势的商人、商店主、工厂主、工人和临时工。这些人拥有不同的需要保护的利益和财产,并且它们经常彼此冲突。现在我们假定有人提出制定下述社会契约:“所有人的利益均由多数决确定,并且所有参与者有平等投票权。”大产业主会接受这一契约吗?当然不会,因为他们很清楚地看到,农夫、工人和小商人的数量远多于大产业主,因此,他们事实上将成为唯一的立法者。他们会随心所欲地确定劳动力价格,分配社会税赋,并使其子女接受与贵族子女同等的教育。由于这些人数量更多,他们所制定的法律会使他们更为强大。总之,那些拥有较少财产者将合法地处置其同胞所拥有的更大的财产。这事实上就是市民社会的情形。该社会完全没有保护每个人作为人的权利——事实上,如果这是其唯一目



① 《法哲学》(Ⅱ),19、20、471 及以后。

② 《法哲学》,243—254。

标,该社会根本就不会出现。正在形成和已经形成的此类社会保护该社会所有成员所拥有的先天(自然)权利和后天取得的权利,每个人并非平等享有这些权利,其所享有的权利或多或少,有时差异巨大。

因此,这一制度是不正当的,它违反了社会正义,因为其没有保护只与财产相关或涉及财产的那些权利。与此相反,可以将该制度比作一架设计精巧的机器,它碾碎最大数额的财产,并将其碎片抛给那些贪婪的捡拾者。

然而,该制度也不乏一些好的要素,尽管其表达非常糟糕:该制度将公民政府视为社会政府,在其中,所有参与者都能发声,并借此合法地表述其原因——这是一个可欲的要素。但问题的核心在于:找到一种方法,使得每个人都有足够的力量和影响力来捍卫其在社会中的权利,同时,不会拥有过多的力量去侵犯他人权利。

因此,我重申,好的要素需要保留,公民共存共生的状态不能由威权或滥权来管理。那样糟糕的统治形态就留给那些国家,它们或者尚未受到基督教的教化,或者还不够发达并因此没有受到基督教的充分影响。我们必须坚信,基督教国家必须作为真正的社会被组织起来。正是由于这一原因,组成社会的公民不能仅仅被视为**人**,还应被视为国家的**合伙人**。因此,这样一个国家的有机构成不应源自自然权利,而应源自一种社会权利,该社会权利不破坏自然权利,还能对其有所增益和完善。目前,在该社会权利中,合伙人之间不平等,也不能平等,其权力必须与其对社会公共资金的贡献成正比,并且与他们在那个社会中需要被保护的权利的权重成正比。

但第二个原则主张形构该国宪法的目的不外乎聚集审慎且正直的人,这事实上抛弃了上述好的要素。它没有改变封建领主政府或专断政府的本质,只是将独裁者和立法者从个人换成了集体,并寄希望于集体统治优于个人统治,因为集体更为开明和正直。但正是出于这一原因,对一个高度发展且知道其利益所在的民族而言,这一变化不够充分。

这样开明且审慎的一群人必须裁断市民社会中不同阶级之间相互对立的利益冲突。当个人之间因自身利益而发生冲突时,常见的情形是他们向英明且正直的仲裁者表明他们的理由。但这些仲裁者由双方平等选择,而不是由第三方强加给他们。目前,比例选举制构成了这样一种选举形式,在其中,每个利益都能选择其仲裁者(从现在开始我将其称为仲裁者,尽管我的用词并不恰当)。其他所有选举制度都相当于为所有利益平等地确立仲裁者。那些仲裁者由第三方强加给当事人,这里所谓的第三方是由法律确定的一个特殊选举机构。平等投票选举代表相当于一种权宜之计,其目的是掩盖被强行指派了仲裁者这一罪恶,使人们相信仲裁者是各方选举产生的,而真相是,在选举其仲裁者时,所有利益介入的程度并不成比例。对具有真诚善意者而言,平等的普遍选举或所有拥有固定财富者平等投票似乎是好事一桩,他们所犯的错误与认为博彩业非常可取的庶民所犯的错误并无二致,因为他们都没有在其中发现任何不公正。在两种情形中,错误都源自同一原因,即他们没能计算清楚。

此外,当私人选择仲裁者解决其纠纷时,这些仲裁者是不属于冲突双方的第三方。尽管冲突双方可能正直、诚实且受过良好教

育,一方也不想选择对方作为仲裁者,这不太真实——一般而言也不太可能,即便偶有发生,强迫一方这样做也不公正。在涵括所有公民及其所有利益的一个市民社会中,不可能找到置身事外的仲裁者。仲裁者自身也是该社会的公民,因此所有想要给存在相互冲突之利益的公民强加仲裁者的做法都是不正义的——这种不正义的程度与相关仲裁涉及利益的规模相关联。这一论辩本身表明,不能也绝不应该将人民代表视为仲裁者;相反,应将其视为包括其自身利益在内的所有利益的代理人。他们几乎像家庭聚会一般聚在一起,平等地保护所有人,并且不允许因为保护一个人而伤害其他人,他们也会讨论并通过实现该目标所使用的权宜之计。

那些经由其所选择的代理人行事者相当于自己行事,正如那句法谚所言,经由他人行事相当于亲自行事(qui per alium facit per se ipsum facere videtur)。以此种方式,国家实现了自我统治。相反,如果由指派的仲裁者来处理国家的各种利益,不管以何种方式指派仲裁者,该国家都没有实现自我统治并且是不自由的。当我们不能将适用于私人利益的仲裁者制度适用于一个自由的宪制政府之时,也不能适用平等投票的选举制度,因为其后果就是,短视的法律给国家强加了一个仲裁者政府。



争论认为选民及法律所要求的候选人的高素质使我们有望选出开明且诚实的代表,这种论辩没有价值,因为即便相互对立的各方都开明且诚实,每一方还是会真诚地偏爱其自身利益并使自己相信错的是对方。因此,如果一方成为唯一的仲裁者,另一方就会不满意并不无道理地感觉受到了压迫。所以,即便作为仲裁者的代表的观点开明且正直,他们也不会获得普遍信任,因为市民社会有理由担心其自身利益并且会焦虑不安。

这是因为最大部分的社会利益没有合法的代理人，因为即便人民代表们是很多公民经由平等投票制度选举产生的，他们也无法被认为是仲裁者。我们更不能将这种仲裁交给上院，因为很明显，上院仅代表一方的利益，即贵族一方的利益。如此一来，争论双方中的一方将充当重大社会问题的唯一裁判。将上院排除在外还有一个新的理由，因为它是侵扰市民社会自然有机体的一种例外情形。

人民代表和立法者开明且正直，这当然是其最为可欲和重要的品质。但这些品质自身永远无法完全满足一个成熟且发达的国家，因为这样的国家知道，不会被腐败的正直是凤毛麟角，因为认为处理别人利益比处理自己的利益更为开明和英明，这种论辩难以服人。最后，我们都相信，对涉及我们自身利益的事务，我们有权干预，除非我们自己或者我们选择的代理人来处理这些事务，否则我们就不会感到满意。主人的目光是马儿上好的草料，这一习语普通但却是至理。

直截了当地要求代表们拥有正直和开明这两种宝贵品质，这一要求创制了一个不确定且不可靠的基础。所有公民都相信自己和其他公民一样既正直又开明。越是不开明、不正直且鲁莽愚蠢之人越热切地主张其拥有这些他们所欠缺的品质，当发现最终的结论偏爱他人时，他们会气恼不已。被伤了自尊却壮志未酬，他们会摇唇鼓舌以获得其认为属于他们的一切。以他们找到的这种正义的借口为掩护，他们会将世界搞得天翻地覆以获得他们认为其所遭遇之不义的补偿。这样的人自然会从政府手中窃取权力，在报纸上大声斥责并恶言中伤，组织极端且言之凿凿的政党将社会搞得四分五裂。这一切的借口从哪里来，当然是从这种类型的宪法自身的罪恶中来，因为此类宪法的根本原则和精神是使人民相信，人民的代表绝对必须是最为开明和正直的人——这几乎是他们自我标榜的最为确定无疑的标准。

有了这样一个模糊和不确定的基础，此类宪法篡改国家理想，因其不确定性而使民意沸腾不安，伤害所有人的自尊，煽动所有人的野心和激情，其最终结果是使得人民无法被满足。事实上，一个远非确定、永远无法被界定且确立不能实现之目标的基础，其逻辑后果是，它最终会带来两个结局：一是永久的不满足感，因为其目标永远不会被完全实现；二是实现或接近那些目标的持续不断的努力，并因此滋生一种躁动不安的欲望，该欲望支撑人们寻求持续不断的变化并总是努力从事新的试验。这些试验危险、邪恶且血腥！如果我们相信，我们依法选举代表仅仅是为了要找到能给国家带来良善法律的开明且正直的人，这一切就必然会合逻辑地出现。尽管代表必须开明且正直，但其逻辑后果是人们认为最为开明和正直的公民有权被偏爱。因此，只要没有找到所有最为开明且正直的公民，根据已经确立并在人民中广为传授的似是而非的权利原则，人民就会认为他们没有被公正地代表。但有可能确定无疑地找到那些最为开明且正直的公民吗？怎样完成这一任务？怎样使人民相信选出的人开明且正直？即便人民相信选出的公民开明且正直，怎样阻止他们担忧并猜测可能还有更好的候选人呢？在一个拥有几百万公民的社会中，怎样使他们一方面相信选举不偏不倚，另一方面降低自尊并相信他们在开明和正直的品质方

面逊色于已经选出的代表？如果这不可能做到，由于此类宪法所追求的让最为开明且正直的人立法的目标没有被实现，我们怎样防止人民认为他们的权利受到了侵犯？如果在这些方面人民没有被满足并且如果整个国家都没有被说服，国家就无法安宁，而人民也不会相信国家坚实稳固。人民也会因此诉诸新改革和新宪法。

应该指出，为选民和候选人规定的条件是给予整个国家的保证——它们能够确保选出最为正直且英明的代表。

但这样的保证不够充分，谁会相信这一点呢？对这样一件不可能之事，能给它什么样的保证呢？如我们所知，这里存在一种双重不可能：严格来说，不可能找到最好的人，并且也不可能使人民和国家相信那些人就是最好的。事实上，这些保证与上述目的一样模糊不清、漏洞百出。

据说选民和候选人必须满足特定的财产数额最低要求。但为什么恰恰是这一数额而不是更高或更低的数额？固定的最低财产数额要求怎么就成了从候选人中选出最佳人选的毋庸置疑的手段了？这完全是随意专断的。因此，不知什么时候，国内就会出现关于所提供的这些保证的充分性的争论，人们会发现这些保证不够充分，因为就立法者所确立的目标而言，它们确实不够充分。在财产没有达到选举要求的公民中或在法律规定的代表候选人范围之外，为什么我们就不能找到更为英明和正直的公民呢？因此，涉及这些保证的难题无法轻易解决，因为就其本质而言这一难题无法被解决。国家不会安宁；人民躁动不安，其最终会要求新的不同的保证，这等于其要求并最终以法律或暴力手段制定一部新宪法，而最终这部新宪法不会比之前的宪法更好，甚至会更糟。这会是一个新的试验，它甚至比第一个试验更具灾难性，而它还会带来更具灾难性的试验。

当有一天这些危险的试验结束了，整个国家发现这些保证根本不可能，也不可能找到适合国家所欲求之目标的保证时，会发生什么呢？

到那时，毫无疑问，国家会放弃这一道路，并主张所有公民都有选举权和被选举权；到那时，人们会觉得，法律认为一些人比另一些人低劣。这荒谬绝伦，因为在普选结果出来之前，必须认为每个人都是最优的。这样，整个国家就又陷入了我们之前已证明为虚伪和不公正的制度——该制度用自然权利取代社会权利，助长了针对财产和所有已取得之权利的暴力，以一系列不可胜数的不公平的法律和随之出现的大众暴力改变这些财产与权利的分布，使社会崩坍，使财产均分，并最终成为一种共产主义试验，其本身是不可能成功的，因为其违反所有的自然之法，并无疑会成为整个世界最极致之灾难的诱因。

因此，那些直接致力于选出开明且正直的人民代表的宪法制度，尽管表面看来貌似合理，并且其创立者也是出于善意，但在解决国家宪法结构这一巨大难题时就显露出其短板，它们迟早会使国家走向第一种制度。其“人民主权”这一称谓并不确当；相反，应称其为“大众专制”，因为它既虚伪又极具灾难性。

我认为迟早会如此，因为只有当国家完全成熟，并认真考虑宪法形式和真正的自由时，这样一种灾难性后果才会出现。只要国家没有完全成熟，将整个国家的自由置于其势力范围之内的仲裁者制度就仍能行之有效,并且不会伴随灾难性后果。同理,当国家的成熟度更低时,专制君主制也能得以维系。在人民代表和参议员作为仲裁者的制度中,相关进程已然开启,尽管其进展缓慢。最终,当整个国家看到它无可避免地会导致我们已经表明的那些灾难性后果时——尽管其并不明了为什么会如此,临界时刻就到来了。

要想避免这种不幸,只有一个方法:取消上院,将代表分作两个相互制衡的立法院,它们代表整个国家中其他不那么重要的利益被简化后剩下的两种最高级别且相互对立的利益,即大产业主的利益和小产业主的利益。于是,我们会从一个毫无模糊和不确定之处的**积极原则**中推导出选举权。该选举权立基于社会权利之上,而不是立基于贵族权利乃至专断随意,更不是仅仅立基于自然权利。这一积极原则所创制的不是当下由代表构成的仲裁者立法院,而是真正由所有利益和所有公民权利的代理人组成的立法院。立法院由那些真正有利害关系的人选举的代理人组成。经由选举,人民承认代表们拥有最佳的智慧和品行。这里,我们也能够找到相信他们会是如此的可能最佳的保证,因为他们是由最为警觉和胜任的法官选出的,那就是私人利益——这位法官不会轻信模糊不清的能力——如巧舌如簧、哗众取宠的能力——而是找寻并发现最适合的人选。无论任何,任何抱怨的借口都被消除了,因为自己选择代理人让人们不再抱怨相关选择是糟糕的决定。

我们所建议的比例选举制明显能满足所有这些条件。只有在这一制度中,参与选择人民代表的所有利益才能真正被调动,最终的选择无疑会是那些有恰当能力的人。因此,该制度有望带来市民社会的持久安宁和内在和平，因为其自身不包含任何不和谐和不满的种子，因为其没有包含不正义的种子。这能够以整个国家所有家庭的力量来巩固政府和国家。简言之，这是根据市民社会自身的本质而非某些徒劳和做作的乌托邦理想来组织市民社会。

我们越是思考正义和真理，越是会发现他们孕育着有用的结果。我们思考越多，越会发现该制度安排的优势。在下文中，我们将仅提及两个会自动出现又极为重要的优势。

第一个优势是该制度会天然地预防腐败，而腐败是所有现代宪政国家肌体上的毒瘤。事实上，在该制度之下，大产业主组成的选举院人数并不多。因为他们是大产业主，他们不会被腐蚀。小产业主形成的选举院人数众多，但就是因为其成员众多，它们也不会被腐蚀。事实上，想要从成员数以千计的选举院购买选票极其困难。如果有人以巨大代价购买选票，其所买到的也只是一票，这仍然微不足道。例如，如果该选举院成员有 3 000 人或 4 000 人，买这一张选票的花费在普通制度下能买到数十张选票。

别忘了，腐败是如何产生的呢？该原则我们在前文曾有所提及，即财产往往想要攫取权力并使其自身与其权力相平衡。行贿者只会是产业主，即那些拥有很多钱财的人。受贿腐败者只会是那些缺钱的人。因此，腐败的产生是诸宪法以违反事物本质的人为制度取代事物运行自然规律的恶果。将选举代表的基本政治权力平等地给予拥有极少财产和拥有很多财产者，使得为数众多的前者以牺牲后者为代价处理问题，就会滋生腐败。相反，社会运行所遵循的自然法会自动赋予拥有财产者在社会事务中更大的影响力。事物的自然本质比人为的专断的人造物更为强大，它会夺回控制权。因此，财产会俘获那些没什么财产的选民，经由腐败，从他们手中夺回法律不公正地赋予他们的选举权。这一推理同样适用于私人腐败以及国家元首可能从事的腐败行为，而在本宪政工程中，已经消除了国家元首在分配任职和晋升职务方面的任意行为（第十五条、第九十一条）。本宪法规定，许多这样的任职与代表职位不可兼得（第六十一条）。因此，如果我们想避免该问题，就需要通过使选举权与财产成正比而回归自然并遵守其无可争议的自然法则，它同时也是自然正义的法则。唯其如此，我们才能消除自然与法律之间的冲突，使得彼此协调。或者说，经由我们的努力，使得落实在白纸黑字上的国家法律等同于自然之法。这样，国家才能重归安宁。



第二个优势也同样重要。最可信赖的政论家主张，国家法律必须与时俱进。因此，我们主张，即便基本法也应依特定时间间隔进行重新修订。但修订基本法是一项危险的工作，因为其会使整个国家感到不安，尤其当修律临近之时，各种政党整装待发，开始行动。此外，这种修改使制定法本身的确定性和权威性降低。因此，可欲的做法是英明的立法者制定法典，使其总是保持确定且不变——在人类活动允许的范围内——同时使其包含一个在其适用过程中比较灵活的部分。以此种方式，我们使人民免于遭受前述动荡，由于改变可以预见并且可控，它们仅涉及法律的适用而非法律本身，法律的稳定性和面对不同时期不断变化之情形的适应性这两个优势都实现了。与财产成正比的选举制自身就包含着两种优势。尽管原则总是相同，其适用依国家及财产分布的变化和财产更大的集聚和自然的分割而不同。基本法不会使财产偏离其自然进程,不会通过强行将其推向与其本质相反的方向而侵犯之。不是违反其本质,本法律服从其本质;本法律与财产之本质亦步亦趋,随时随地予以保护。随着财产的变化,法律的适用也相应变化。

众所周知,英国所谓有名无实的选区和在议会中没有被充分代表的新兴商业城市发起了多少争斗。如果该国宪法以与财产成正比的方式分配选票,所有那些纷争本来都可以避免。由于没有这种比例投票原则,或者不可避免地频繁改革宪法——改革之前和改革过程中总是伴有巨大的动荡,在改革遭遇反抗时,受苦受难的改革方还要付出各种努力——否则,伴随着犯罪和失德的革命将不可避免。

不属于贵族派或使其自身超越了贵族派之自私激情的英国政客清楚地知道,要想疗治该国的创伤,有必要使所有财产都能公平地被代表。英国政治经济学之父思考了使所有财产在议会中均能被代表这一做法给英国可能带来的好处。①

我们辉煌荣耀的祖先罗马人是比例选举制的发明者;古希腊人或者不识比例选举制,或者没有找到适用的方法。为了避免数量平等的投票造成的伤害,古希腊人选择了什么方法呢?他们诉诸平等的世袭财产并规定所有公民拥有的财产都不能比别人多。阅读亚里士多德对希腊城市所采用的不同政府形式的描述,就足以明确,**世袭财产的平等**是所有那些政治宪法所找到的共同的解

① 斯密,第28章。

决方案。亚里士多德本人和柏拉图都认为这不可或缺。现在,我们能创制比由法律规定且由强力执行的世袭财产平等制更为不公正和更为野蛮的制度吗?其实,这一权宜之计不可能实现,正是因为其不可能并违反自然规律,它不足以使古希腊的各个共和国免受持久纷争之苦,而此种纷争使其四分五裂。然而,那些立法者的相关规定表明,他们深切地感受到了个人平等选举制的严重缺陷,并更为明确地确认有必要践行与财产合比例的真正的投票制以获得国家的稳定和安宁。

简言之,现代宪法内部包含着最为可怕的专制的种子,它不仅会颠覆已确立的政府,也会毁灭人类社会本身。我们重申:除非将这毁灭性的种子从其内部去除并由自然重掌乾坤,否则各国将永无宁日。当前,意大利手中握有很好的机遇,可以使其自身及其他欧洲国家免受这些可怕的动荡。如果忽略这一机遇,如果我们使权力全然依赖公民的数量,这等于说全然依赖肢体的力量或暴力——因为这一数量表征的无非是暴力——我们怎么从公民手中夺回权力呢?当飞鸟出笼,我们怎么能追得上?当权力落入暴力手中,只有以更大的暴力才能夺回:我们到哪里去找寻这样的暴力呢?没有其他办法,只能等待这一暴力自我瓦解和消散。这是革命政党的工作;这是争斗洒下的鲜血,所有法国式宪法以这些鲜血写就又随即被抹去。

如果意大利凭借其找到问题的根源,将邪恶连根拔起,并在国家政治宪法中写出解决方案——这一方案对意大利而言既是传统的也是本国的,这一方案会使罗马内强国家,外扬国威,这是何等

的荣耀！如果意大利成为其他民族的楷模，这又是何等的荣光！[①]

接下来我们对前述六个条款稍作说明。

为什么第一立法院由大产业主选举产生，第二立法院由小产业主选举产生？

我们在前文已经提到：两者间存在利益冲突，以致双方都要求不同的规章和法律，因为对一个群体有利的法律对另一集团毫无用处，甚至对其造成伤害。因此，在市民社会中，必须使两个群体分别被代表并且享有分立的立法权。

如果只有一种被代表，如果仅由一个利益集团来制定法律，将会出现两个严重问题：

第一，该利益集团永远不会制定对其他利益集团有用而对其

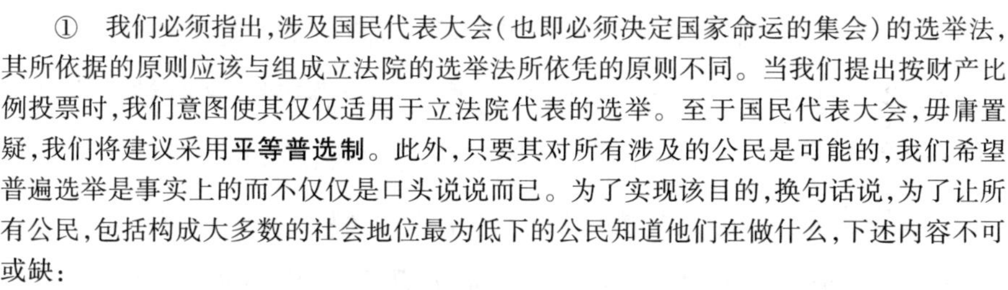

① 我们必须指出，涉及国民代表大会（也即必须决定国家命运的集会）的选举法，其所依据的原则应该与组成立法院的选举法所依凭的原则不同。当我们提出按财产比例投票时，我们意图使其仅仅适用于立法院代表的选举。至于国民代表大会，毋庸置疑，我们将建议采用**平等普选制**。此外，只要其对所有涉及的公民是可能的，我们希望普遍选举是事实上的而不仅仅是口头说说而已。为了实现该目的，换句话说，为了让所有公民，包括构成大多数的社会地位最为低下的公民知道他们在做什么，下述内容不可或缺：

第一，将人民划分成不同选区，在每个选区中组建一个选举院。

第二，选举不是直选，而是间接选举，即每个选区中选出一些人，由这些人来选举需要组成的国民代表大会。

只有如此，所有人才能在选举时既知情，又凭良心做选择，因为可以合理地假定，即便地位最为低下的公民也知晓其选区内声名显赫的人。尽管并不是每个选区都可以找到能够体面地作为国民代表大会代表的人，但足够开明并知晓如何选择国民代表大会代表的人还是不缺的。此种方式并没有要求人民去做其不能完成的工作，并且也没有迫使人民选择其不认识的人，即根据表象而非根据现实进行选举。单纯的礼节和动听的言辞都是欺骗。如果我们真的想知道人民的意愿，恰当的方式是以他们能够自己作答的方式来问他们，而不是让他们说我们想听的。因为倘若如此，选民就不是人民而是拨弄民意者。

自身毫无用处的法律。如此一来,其他利益集团会被忽略,法律中将没有保护其利益的恰当条款。

第二,该利益集团不用考虑其他利益集团,其制定的许多法律将对其自身有利,同时会伤害其他利益集团,即立法者会为了自身利益而牺牲他人利益。事实上,一个利益集团的兴盛往往是以其他利益集团的灭亡为前提,或者该利益集团可能如此认为。

如果不仅一种利益被代表(该利益集团负责立法),还有其他相对立的利益集团也有代表权和立法权,并且如果所有这些利益集团没有被分开(如果他们集结在一个立法院之下,就是此种情形),那么,以选票数量和更大的活动能力胜出的利益集团将成为主导。它将会对其他利益集团形成宰制,接踵而至的争斗可能使失败的一方方寸大乱,从而走向违法和革命。

相反,如果相互独立的利益集团分别被代表,大产业主选举产生第一立法院,小产业主选举产生第二立法院时,情形就是如此,就不会出现仅由一个利益集团制定法律的危险,也不可能出现一个利益集团欺压另一个利益集团的情况。也不会发生赤膊上阵的争斗,或者至死方休的决斗,因为对立双方彼此不见面,他们远远地捍卫各自的利益,不会近身肉搏。

此种安排会制定出更有利于社会福祉的法律。如我们上文所言,将对双方都有益处且没有争议的法律作为有效的法律放在一边,剩下的那样的法律可以分为两类:对一个利益集团有利而对另一利益集团毫无用处的法律,和对一个集团有利而对另一集团不仅毫无用处还会造成伤害的法律。

一个利益集团提出其认为对自己有益的第一类法律的立法建

议，另一利益集团同意该立法建议，因为其利益没有受损。如此一来，制定对双方都有益处的法律这一原则没有被无视。

双方会就第二类立法展开争论，但会出现一种自然的交易，因为相互对立的两个利益集团会发现彼此让步对双方都有好处，双方所得好处和承受的损失平等分担。因此，我们给所有道德冲突和实物冲突中出现的此消彼长的难题找到了现实的解决方案。

将这些原则适用于由大产业主和小产业主所代表的两个大的利益集团，很明显会出现下述情形：

第一，小产业往往会保存实力并捍卫自身，以避免卷入大产业制造的旋涡并被吞没。

第二，大产业往往也会保存实力并捍卫自己，以防被撕裂并拆分成若干小产业。

到目前为止，这两种趋势针锋相对，但其自身并没有什么不公和欺诈。

当我们不得不确定一种决定小产业和大产业可以平等地尝试自我捍卫的合法方式时，就出现了正义问题。实现该目标的手段可能是正义的，也可能不正义。当其以法律义务来支撑时，它就可能是不正义的——此外，其不正义的方式有两种：或者违反自然的**法律上的自由**，或者侵犯财产本身。

如果经由法律的相关规定，其妨碍了那些影响财产流动的合法行为，法律就违反了自然的**法律上的自由**。例如，一部禁止产业扩张超过特定数额的法律——这一法律在意大利的一些城邦中存在——违反了法律上的自由，偏袒小产业而伤及大产业，因为它阻止产业以合法方式扩张至超过某个特定阈值。相反，关于嫡长子继承制和信托契约的立法侵犯法律上的自由,偏袒大产业并伤及小产业,因为它阻止大产业以合法方式被分割并传递。在古老的欧洲立法中,我们发现了这两种类型的违法行为,人们将第二种类型称作是对立法者一时兴起所打破的公正平衡的一种补偿。情形总是如此:一部不公正的法律需要由另一部法律在某种程度上治疗其对事物之本质和正义所造成的伤害。到目前为止存在的立法的怪异繁复的大厦就是以此种方式构筑的。

每当法律触及私产、个体或集体时,它就侵犯了**财产**。例如,不按照公民收入的比例征收税赋的法律很明显侵犯了财产。如果其将所有税赋(或多于其应承担的份额)都让小产业主承担,这是贵族制定法律时总是会出现的情况,它就侵犯了小产业主的财产而偏袒了大产业。如果其将所有税赋(或多于其应承担的份额)都让大产业主承担,这是民主制在制定法律时总会出现的情况,它就侵犯了大产业主的财产而偏袒了小产业。

现在,在小产业和大产业分别被代表且都有立法权的情况下,那些侵犯小产业财产自由的立法安排不会被通过,因为小产业主组成的立法院会关注其利益并予以反对。同理,那些侵犯大产业财产自由的立法安排也不会被通过,因为大产业主组成的立法院予以反对。接下来会发生什么呢?国家要求必须作出相关立法安排。因此,立法者们会制定出使大小产业主的利益和权利相等的立法,立法者由此被推上了正义和公正的道路。这才是制定正义法律的方式。

除了自我保全外,大产业和小产业还有另外一个共同的自然倾向:其想要增长。但与财产的这些倾向相对立,无产者和一无所有者也有一种倾向。这种倾向就是,一无所有者想拥有财产。

尽管这一倾向是正直的,但满足该倾向的方式肯定不正直。无产者成为有产者并因此满足他们的这一自然欲望的正直且公正的方式是什么呢?那就是以合法行为获取财产的法定资格——简言之,利用他们法律上的自由。因此,法律不会侵犯无产者的财产,因为他们没有财产;但法律可能通过给获得财产的自由设置障碍而侵犯该自由,而这一自由必须被捍卫。

自由不需要积极的法律,它也不需要任何监管。人类自由立基于其上的法律都是自然的,是宪法中明确规定的。而积极的法律不会形成自由,只会侵犯自由。因此,自由不需要立法权。它只需要有一个显赫的权威能对立法权保持警觉,以使立法权不致超越其权力范围而侵害自由。这一保护无产者之自由的权威就是最高政治法院,它负责将立法权限制在理性正义和自然正义的范围之内。以此种方式,所有人的权利都得到了照顾,因为所有权利都从本宪法赋予政府的权力中得到了保护。

我们再回到之前的问题,即需要有两个立法院,以及为什么它们必须代表大小产业主这两种相互对立的利益。大家最为关注的是,这两种利益怎么包含所有其他利益。要言之,这两种利益是其他所有利益的基础,因为不监管和规制这两种利益,其他利益的管理和规制就无从谈起。

民事权力的各种义务可概括如下:

第一,拥有维系公共秩序、保护所有权利和捍卫社会免遭外敌入侵的力量。

第二,支持农业、工业和商业。

第三,促进教育、开明且礼貌的行为以及道德情感。

践行这些义务时不可或缺的手段是什么呢?资金。谁来提供这些资金。那些拥有财富者依其财富的比例予以提供。出资者有权发号施令,这是常识和自然权利的基本原则。出资者决定他们希望其提供的资金如何用度,在我们所谈的情形中则是他们想让国家如何被管理。在其之上,只有不容违反的正义。他们的工作是决定其他事项——这是立基于自然之上的人民的主权。

让我们换个角度来看待这一问题。在一个发达的社会中,财富代表一切。在一个尚不发达且没有开化的社会中,**财富**仍是人类社会生存、自我教育和运行所需的条件。当人类财富更为丰饶时,他们能够享受更多,供养其他人来为其服务,对其同辈施加影响并施以救济,被人爱戴和敬畏,扩大自己的权力,并通过各种必要的手段获得教育。因此,对财产的影响力与针对与财产相关联或以财产为条件的其他利益的影响力并无二致。由此可知,所有利益——甚至那些最为珍贵和最为高贵的利益——都可以简化为财产利益,因为它是所有其他利益的首要条件和诱因。

对上述论述,我们可作如下总结:

第一,所有法律都直接或间接与财产相关,因为离开财产,那些法律不能被制定或执行。

第二,那些其结果涉及财产的法律对所有其他人类利益都有影响。

第三,向政府支付税金(这是政府运行不可或缺的)者必须为财产所有人。

第四,那些以其财产支付税金以使政府能够存在且运行的产业主有权知道政府如何运行，并对政府的运行方式作出规定。

第五，当产业主在决定政府行为方面存在异议时，其投票权重与其所支付的税金成正比，这样才公正。

第六，争端只可能源于大小产业相互对立且不同的利益，因此，双方利益必须被同等承认。

第七，为了成功执行上一条款，小产业主和大产业主的意见都不能单独决定作为政府行为依据的法律，双方必须协同行动。

第八，为了双方能够协同行动，最好赋予双方意见以相同的影响力。如本宪法所确立的，其意见由两个立法院代表。如此安排的目的是，一方权力不致超越另一方，双方都有义务维持居中的调和路线，那些权力只有满足这一条件才能运行，而这一条件是社会权力机制的必然要求。

为什么选票分配与产业主向国库缴纳的直接税总额成正比？

市民社会离不开金钱；如前所述，它用这些钱来支付政府雇员和军人薪酬，进行公共建设等。哪一桩都离不开钱。因此，市民社会就是纳税人社会。

根据社会权利的普遍原则，社会资金的每位缴纳者必须感受到与其所缴纳税金成正比的益处。

由于每个人在制定法律时的影响力等于其投票权重，让支付许多税金者与支付很少税金甚至不纳税者同等投票，这没有公平可言，上述论说是一个新的理由。如果所有选民投票权重相同，那么他们就拥有相同的影响力。每个人对社会优越性的体认立基于法律的质量之上，因此，其与每个人在立法过程中的影响力和权力成正比。所以,如果我们想要让支付更多税金者得到更大益处,有必要使其投票权重与其所支付的税金成正比。

人们可能会说,直接税(直接以税收形式支付的税金)不能真实地表征纳税者的所有财产或所有收入。

我的回答是,这的确如此,但正如我们已经看到的,这完全是由法律在公民中分摊公共负担这一缺陷所致。这一缺陷又源于立法者的缺陷,换句话说,源于立法权的缺陷。在专制政府中,立法权没有兴趣制定对所有人都公平且正义的财政法,其制定财政法的目标是填满国库,同时不会引发民众抱怨。必须通过重构立法权来打破这一恶性循环,以使立法权有兴趣将社会负担作公平且公正的分配。因此,必须以我们所描述的方式在宪法中对分配公共税收的法律进行改革。

此外,我们注意到,比例投票制这一原则能够极大地促进重构涉及公共税收的法律,因为比例投票制使得国家欢迎工商业财富的自然增长,从而促进了其增长,其结果是使得取消或大幅缩减间接税成为可能,因为间接税无法平等分配。

有人可能认为不纳税者没有选举权,这是不公正或狭隘的。但这些人如果严肃地考虑该问题,他们的忧虑就会彻底消失。

首先,不纳税者没有选举权,这是市民社会之存在和运行仰赖纳税人这一无可争议原则的必然结论。

但这并不意味着社会放弃了不纳税者。它只是不承认他们在提名代表时有任何投票权。

市民社会并不反对那些不纳税者,它只能是一个有益的社会。市民社会认可其成员这一事实(甚至包括那些不纳税但靠税金生存和活动的成员）不是由自然权利或理性权利规定的，而是受到了主张取消奴隶制的福音书的启发。被耶稣救赎的所有人都是自由人，都是同胞手足。因此，基督教市民社会认可穷人，并自由地接纳他们，以正义保护他们，以慈善帮助他们。但这并不意味着社会也需要给他们政治权力。这种想法是有害的，因为有了政治权力，他们对他人的财产就有影响力，他们就有可能受到诱惑，并滥用其政治权力攫取他人财产。

期望给予不纳税者选举权，这一观点对财产有害。这就好像以法律的形式使某人加入一个付费会员组成的私人社团，然后免除其支付会费的义务。这等于破坏财产权。这种破坏被嵌入了普选制。同理，所有赋予不同的纳税人以同等投票权的宪法都侵犯了财产，因为一个人支付双倍于另一人的税金，相当于那样的两个人支付的数额，但却被迫接受与只支付了其税金数额一半者相等的影响力。因此，如果这些法规条款中包含着对财产的侵犯，所有财产不容侵犯这一规定怎么还能是真的，而不是谎言呢？存在一个显见的矛盾，而我们不厌其烦地一再指出，立基于矛盾之上的法律不能持久，因为人是理性动物。这些法规必定会扰乱社会，最终结果无非两个方面：或者该法规被废除，或者社会遭破坏。

也不能说那些一无所有者，尽管其没有贡献金钱，但其贡献了工作，虽然方式各不相同，但所有公民都同样为社会作出了贡献。然而，这一贡献不足以维系社会，毕竟，市民社会的存在并不急需那些不纳税者的工作。

因此，在社会中接纳这些人，宣布其为公民并保护他们的权利，这是社会施与他们的恩惠。即便社会从这些施与的恩惠中得到了间接的好处,这并不改变该恩惠的性质。

让我们牢记,市民社会——依据本宪法形构的市民社会——接受那些不纳税者,并没有把他们视作二等公民,也没有打算以任何方式减少给予他们的益处,更没有意图通过给他们施加某种负担来寻求补偿。社会赋予他们的益处是完全且真诚的:其赋予无产者的公民身份和自由与他人无异。法律宣布那些无产者与他人在法律上绝对且完全平等。

但所有公民司法上的平等意味着什么呢? 当然不能将其视为——任何有声望的作者也从来没有如此认为——是物质的和算术上的平等,而是所有人法律面前的平等,除此以外再无其他。法律上的平等蕴含着一种与事实所有权成正比(也即法律所涉及并相关的情形)的适用。根据对这些主张及情形的确认,法律能或不能全部或部分地被适用。这些是不断变化的事实,随着事实的变化,法律的适用也必须变化。这并不减损下述事实,即法律对所有人而言仍是相同的,即便对那些没有法律可兹适用的事实主张权的人而言也是如此。

但对一个结构良好的市民社会而言,其所有法律的精神实质必须是什么呢? 其可能包含在下述准则之中:“法律必须保护并平等地关照公民所有的权利。”因此,一方面,法律的保护必须对所有人平等;第二,受保护的权利的大小和重要性可能不同——事实上,它们的确如此。说一位公民拥有的权利数量比另一位公民多,这发生在事实领域,而非法律领域。这一情形并没有破坏我们所谈到的法律平等或司法平等。

现在我们将这些原则适用于我们中间那些没有财产的人。这些公民比有产者拥有更少的权利：这一事实不能为法律所破坏。然而，法律必须对所有人平等，其含义是，法律平等地保护无产者较少的权利和有产者更大数量的权利。现在我们来看这一点在当前的宪政工程中是否能够实现。

我们曾指出，公民和人的所有权利可简化为两个目的：自由和财产。本宪政工程保护两者，这一点我们已经明了。那些没有外在不动产者除了个人财产和自由外一无所有。需要什么来充分地保护这些权利呢？防卫而已。需要提供防卫，以使这些人的人身不致遭遇伤害或损害，使得不公正的障碍不致存在以妨碍其能力的发展，因为自由意味着对这些能力的自由使用。为了实现该目的，确立任何监管机构都毫无用处，因为一个公正正直的法院和充分表明那些权利的法律足矣。相反，为了保护外在财产和与其相关的权利，防止某些人的财产与其他人财产间的冲突，为了找到公正解决这些争端的折中方法，促进财产多元且复合的发展，为了规制这些财产的使用同时不致限制其使用，光靠公正的法律和法院是不够的。有必要建立一个共同的监管机构和所有者组成的共同理事会，它们就共同利益展开争论，达成涉及执行方式的一致意见，使得所有人的财产欣欣向荣且成比例地增长。

因此，事物的本质所要求的市民社会的两大权力机关必定是：

第一，一个用良善法律保护所有人身权利并处理事实的法院，因为它们可能被侵害。

第二，一个促进财富发展和繁荣的政治经济管理机构。

这两个权力机关的第一个以保卫权利免受侵犯为目标，其关涉正义。第二个权力机关以那些财产权利的当前共同发展为目标，其关涉监管。这种监管是国家议会首要、主要和特殊的目的，而源于议会的独立法院必须对所有人平等且公正。

法国大革命的抽象政治（因此也是模糊和不明确的）过去和现在都对人的头脑形成了某种宰制，给人们留下了关于国家议会的混淆印象。人们不加分析地认为议会是最为强大和庄严的权力——甚至是唯一的国家权力——他们没有确认其功能，因此也就不知道其真正且准确的目的。人们只是泛泛地知道建立议会的目的是制定法律。但人们不知道的是，或者说人们没有想过的是，法律可作两种风格的区分。一些法律被用来宣告正义和不义。有些法律则专事促进和增益公共繁荣。后者也必须是公正的，但其目的并非纯粹的正义。如果仅涉及第一种类型的法律，议会就不是必需的，因为所有人良心中的永恒法已然决定了何为正义，甚至私人学者也能够宣告那些法律，实际上，只有学者和宗教人士在做此种宣告时才足够胜任和权威。此外，在一部好的宪法中，所有那些法律已然确定。然而，对于涉及效用的法律而言，议会不可或缺，这事实上是其真正且恰当的目的。因此，议会必须将国家的所有效用都纳入其中，不能将任何效用和利益排除在外。

这并不意味着议会代表会代表特殊利益。但由于公共利益只是所有私人利益的综合，由此可知，如果所有私人利益，不论大小，不能同时被代表，公共利益就不能完全被代表。此外，转向效用的权力机关必须对监督正义之保护的另一权力机关解释其行为，以使天然会驱动议会的功利主义本能不致伤及正义。

因此，如果法院组织被巧妙地确立，其平等地覆盖自然权利和公民权利及政治权利，并且存在法院判决可立基于其上的公正的基本法——就如本宪政工程第三章所规定的那样——那么，议会就足以应付我们所界定的人身权，它们是唯一适用于无产者的权利。那些权利不允许集体适用，这仅仅是因为它们是人身权，并且其除了需要自由行使外别无所需。因此，如果无产者成为立法院行政权力的一部分，就要求他们不是为了其自身利益，而是为了他人利益而奔走，因为其人身权益不需要监管，只需要捍卫。但期望拥有关于他人事务的决定权和立法权，这违背正义。

本宪政工程确立了一系列法院（第二十五条、第八十五条），在法院面前，所有公民一律平等（第二十二条）。这些法院作出涉及所有权利的判决，对个人权利和社会权利都是如此（第八十一条、第八十二条、第八十四条）。在这些法院之下，即便无产者也能得到平等的保护和捍卫，以对抗任何其他权力，甚至对抗立法院本身，因为他们可以就立法院的相关安排向上述法院提起诉讼。

这些法院的判决受法律和宪法支持，它们向所有人确保其人身安全及行动自由。

本宪法开篇即宣称每个人的自然权利和理性权利不容侵犯（第二条）；它确保个人自由（第二十三条）；它宣布公民住所不容侵犯（第二十四条）；它承认请愿权，甚至集体请愿权（第三十四条），也承认集会权和结社权（第三十五条、第三十六条）；它保护知识产权（第三十三条）、出版自由、教育和商业自由（第三十七条、第三十九条、第四十条）；它也号召所有公民，不论其财产多寡，依其能力大小和适合与否而平等地承担公职（第四十一条），并且关于公民能力适合与否的决定不能仅由君主作出，其规定，由法律来确定判断公民能力适合与否的方式（第十五条）；它没有为代表的参选资格设置任何财产的最低门槛（第六十条），并确保每个人能够根据其才能而被有效选任，它为各省代表确立了补助（第六十二条）。以此种方式，如果有权投票的产业主投票支持，甚至无产者也能当选代表——而如果无产者才当其用，产业主们会选择他们，因为选择最为娴熟、正直且开明的代理人符合产业主们的利益。

有了这些安排，所有公民都能完全行使其权利，本宪法甚至规定，无产者自由并且确保其拥有获得其所缺少之财富的所有手段，经由获得财富，他们甚至能获得选举权本身。

这些安排使我感觉没有必要为捍卫本宪政工程而与下述那些人争论，他们提出反对意见，认为过于重视财产而牺牲了道德能力和智力能力。当所有人可以自由竞争，当通向任何有利社会地位的大门向所有人敞开，各种能力会自动出现并占据优势。即便穷人也有这样的权利，他们不能期望更多，因为对无产者而言，他们能够公正且正直地以公平的资格获得财产，这就足够了，他们不能指望窃取他人财产或干预他人财产的管理。根据本宪政工程，无产者可以参选代表，正如我们所言，他们甚至能成为内阁长官——条件是他们比产业主更有能力。这是能力有资格享有的影响力。所以，每个人都能攀爬社会的阶梯，但需踩着自然的梯级。在此种情形中，踩着自然的梯级爬升是公正的，因为只有拥有这一权利的人能完成此举。使社会毁灭的野心，其邪恶之处在于为人们架构阶梯——而这些阶梯不是构筑规划的一部分，以致人们能袭扰这一建造物甚至攀上顶峰。那些走公用阶梯登堂入室者不危险，但架上云梯夺窗而入者则是危险的。赋予所有拥有固定财产者以等值投票权就是在架构这样的云梯。只要这样的梯子存在，社会结

构就面临着盗贼的袭扰。

第五十三条至五十六条决定了我所谓的选举机制，以使其符合已确立的原则。

第五十三条和第五十五条可能招致一种反对意见。该反对意见认为，如果大产业主和日益增多的小产业主们必须聚集在选举院中，有些选民将被迫长途跋涉以到达他们所属的选举院驻地。

这里，我们的考虑是，那些离选举发生地较远的选民只可能是最为富有的产业主，对他们而言，长途旅行不那么麻烦。随着选民纳税能力的递减，其距离选举院驻地更近，并且可以通过将选举院分成几个部分而使其离选民更近。

另外，如果考虑到选举权也可由代理人代为行使（第五十九条），甚至对最大的产业主而言，这一困难也会被彻底消除。



另一方面，意大利需要相距较远的公民相互了解并彼此互动。唯其如此，才能保证构成这一国家的不同族群相互融合。到目前为止，猜忌专制的政府构筑的不可逾越的障碍使得这些族群彼此分立——这些政府的权力以意大利人彼此分立为基础。

甚至连皮埃蒙特也包括在内的所有区域都英明地采纳了将选民划分成不同的选举院，由每个选举院选举代表的做法。但在该法典中，我们给每个选举院分配了一个选区。在我们的体系中，只有拥有最大人数的选举院才能被分配选区。法律并不禁止——事实上，这可能是有益的——拥有较少成员（也即那些由最大的产业主组成的选举院）的选举院在其多数成员居住省份的主要城市碰头。

此外，每个选举院只能选举一名代表，因此，有必要找到真正能代表人民的人。

法国临时政府采用的制度中，选民在官方指定的主要场所为各部门的所有代表投票，这极具欺骗性并且于无形中戕害自由。想了解这一点，只要考虑一下真正自由的选举法必须立基于其上的下述明确原则就足够了。

选民了解候选人才能进行选举。如果我们的做法使得选民被迫选举其不了解的人，这样的选举不真实，它只是一个假象。事实上，他们不是在选举，只是随意交出了其选票，就其本身而言，这不是选举。

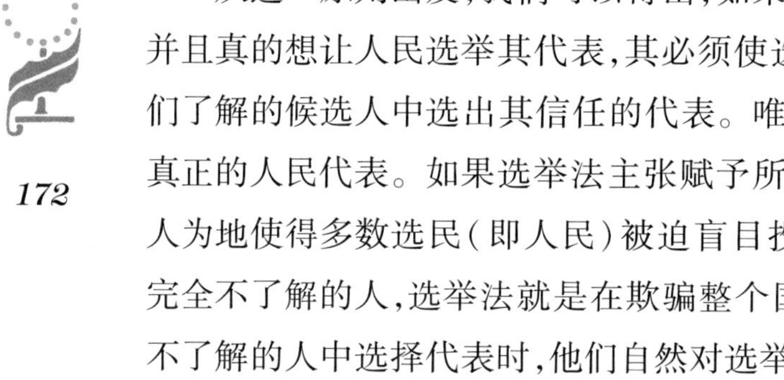

从这一原则出发，我们可以得出，如果选举法无意欺骗国民，并且真的想让人民选举其代表，其必须使选民了解候选人并在他们了解的候选人中选出其信任的代表。唯其如此，我们才能选出真正的人民代表。如果选举法主张赋予所有公民选举权，之后其人为地使得多数选民（即人民）被迫盲目投票并且将选票投给其完全不了解的人，选举法就是在欺骗整个国家。当人民被迫在其不了解的人中选择代表时，他们自然对选举谁当代表漠不关心，并且容易受到蛊惑，轻信最先以掌控者面目出现并声称要帮助他们作出令其感到尴尬的选择的人，对于这一选择的重要性，选民们一无所知。这等于说人民对狡诈的营私舞弊者言听计从，他们才是真正在选举的人，而不是被误导的人民。欺上瞒下、背信弃义并且由一些想取人民而代之的人制定的法律能做什么呢？它主张普选制。当然，相信这一浮夸主张并认为狡诈的立法者真正想让全国人民畅所欲言的傻瓜也会相信，无一例外，所有公民在投票支持其心意所属的候选人时是在真正表达自己的意愿。但让我们面对现实并且看看结果到底如何。有一套秘而不宣的安排和充满偏见的计划,对人民的意愿丝毫不感兴趣,这样的立法者能做什么呢?为了更好地欺骗人民,他对人民十分慷慨,赋予他们极大的权利和艰难的义务,人民绝对无法消受也不知如何消受。法国临时政府给予每个村庄及农舍住户的权利和义务就是如此——提名一个部门的所有选举人。显然,这些农夫只认识他们当地的邻居,他们认识的人超不出他们所在的贫困乡镇的范围。他们到哪里去找 10 位、12 位甚或 20 位可以在议会中代表整个国家的人?除了没受过教育的农夫和牧人,他们还能提名谁呢?因此,无可避免的是,他们会将选票投给这样的候选人,他们是政府或有影响的政党的各种委员会或特使公布并推荐给选民的,从一开始就是它们安排好了一切以按照自己的意愿统治这个国家。这里的专制是显见的:那些意图完全享有国家权力并剥削利用整个国家的人,它们的欺骗本质和阴谋诡计暴露无遗。奥地利(我所指的是奥地利的学术界)是这种无耻且虚伪的自由主义的最佳代表。

在上述评论之外,我禁不住想要加上最近由卡米洛·加富尔对法国临时政府的选举制度所作的睿智评论,该评论与我们的主张一致。

首先,这一制度主张仅赋予相对多数以选举权,因此,他们不能真正代表国家。其次,该制度强迫选民为其完全不认识或主要通过间接关系认识的人投票。读者可以自行判断,如果维尤(Viù)和贾韦诺(Giaveno)的选民和当地的政府部门一起参与选举都灵省(Turin)的代表,或者拉扎泰(Lazzate)或米辛托(Misinto)的选民选举米兰省(Milan)的代表,将会发生什么呢?* 法国选举制度特意被创制出来,以使人们选择那些最为狂热、激昂和聒噪的候选人。这是组建一个立法院并以其狂热激情煽动整个国家的不二法门;但若谈到真诚且准确地代表真正的民意、真切的利益和这个国家持久的情感,这又是极其荒谬的方式。①

最后,我们必须意识到,我们能找到一种更好的机制来克服执行困难。我们不再坚持我们已经主张的内容。我们所作的思考的实质是,选票的权重与公民缴纳的税收成正比。例如,我们可以确定某一数量的税额代表一个计量单位的选票。如此一来,支付了双倍、三倍乃至更多税金的公民,其手中握有两个计量单位、三个计量单位乃至更多的选票。在首府或其他人口较多的中心地区,可以成立负责收集选票的委员会,那些选票可通过经过公证的记录或其他法定记录的方式,或者通过代理人送达各委员会。这样,就不需要大众集会,也就避免了大众集会导致的问题。上述委员会计算票数及票值,并以此方式宣告当选的代表。

另外,委员会的数量与选举院数量相同,每个委员会可以负责宣告相应选举院选举产生的代表。

以此种方式计算票值,票值和已缴纳的税收之间的比例甚至更为准确。

**第五十七条　君主以国家拥有的固定资产收益和其私产收益**

---

* 维尤和贾韦诺是意大利都灵省的城镇,距都灵市较远。拉扎泰和米辛托在当时属于米兰省,现属于意大利蒙萨和布里安萨省。——译者

① 《复兴》,1848 年 5 月 21 日。

**参与选举。教会及其管理机构、社团以及向政府一般收入缴纳一定数量直接税的团体都依其相同的比例参与选举。**

本条款只是下述原则的一个结果,即由于所有财产都对国库收入有贡献,它们也必须在立法院中被代表。对于国家固定资产的收益,其对应的选举权由君主行使最为恰当,而其执行权也属于君主。

君主应该依法参与选举,除此之外,就君主私产而言,其与其他公民的私产无异(第十九条)。

在其他宪法中,君主提名贵族或参议员,但这被证明是一种令人生厌的特权。在本宪法中,君主没有特权,但因其没有特权,君主享有习惯法的有利条件。

选举法决定了团体因其向国库支付税金而依其拥有的财产数量投票。这一点必须详细讨论。



我只对此作几点评论,仅仅为了表明怎样实现这一目标,而丝毫不会偏离产业主必须根据其缴纳的税金投票的原则。

道德团体拥有的财产给予它们纳税和拥有选举权的资格。因此,有必要在那些财产的管理者和所有者之间作出区分。选举权并不属于那些管理者,而是属于所有者。我们来探讨一下细节。

在拥有财产的道德团体中,世俗的常规牧师团体是最重要的。天主教牧师拥有完美的层级和统一性。但就教产而言,在选举教产的代理人和代表方面,教会的规定几经变化。有段时间,所有教产都被托付给主教们,凭借这些教产,主教们负责牧师的生计和礼拜活动的开销,主教们是教产的唯一代理人。但随着教产带来收益,情形起了变化。当前,使用教产的受益人被视为其代理人。因此，这些受益人依其所得收益向国家纳税并享有与其缴纳税金成正比的投票权。教会的分会则拥有与尚未分配的财产收益所缴税金成正比的投票权。

就涉教产业的财产而言，投票权属于其所有人或教会的恩主，抑或对其进行修缮管理者。

就慈善机构的财产而言，如果其无法与慈善用途分开，它们就属于其指定的受益人。[①]

在那些慈善机构中，有些机构负责接济穷人——所谓穷人，我们指的是不向国家缴纳直接税的人。因此，每个市的穷人必须登记——最好在该慈善组织覆盖的区域内登记——并且必须邀请这些穷人行使相应的投票权。以此种方式，无产者也能参与投票，其投票权是经由基督教慈善事业获得的，后者不希望他们完全陷入穷困境地。

这里，我们不必涉及其他问题，它们事关审慎和和平共存："我们如何收集这些选票以维系公共秩序同时还能保证投票自由？"在不同的方法中，政府可以开设登记处，那些受邀投票者在此填写选票。登记处应开设在教区之内，并要求天主教牧师负责监督并部分地负责公共慈善事业之财产的管理。

最后，所有拥有共同财产且纳税的团体，根据其成员在共同财产中所占的份额为其分配选票以使他们行使权利。

当涉及道德团体和集体有权获得的投票权数量时，会产生许多司法问题，这确实如此——并且由于在这方面还不曾有过相应

① 关于用于公共慈善的财产性质，请参见《法哲学》（Ⅱ），828—864、943—955。

立法，只能根据出现的情形进行相应立法，所以这些问题都是全新的。然而，我们已经成立了负责解决所有疑问的政治法院，将这一任务也交由它们很是方便。因此，利益相关方就其认为其有权享有的权利诉诸政治法院，政治法院作出特定判决，随着时间的推移，最初并不完美的选举法会日臻完善。

**第五十八条　除向政府缴纳直接税（所得税）外，法律对投票权的行使没有别的限制。**

**第五十九条　投票权专由男人行使。可以经由法定代表来行使该权利：父亲、丈夫、监护人和守护人可以代表受监护儿童、妻子、未成年人和禁治产者行使该权利。**

**每个选举院选票的不足部分由政府补齐，以支持上述群体。**

由于是财产拥有选举权，公民要想成为选举人，除了向国家缴纳直接税外，没有什么特定条件。

财产权是一项权利，所以，选举权也被认为是与财产所有者相关联的一项真实权利，它被用于规制共同利益运行，及其缴纳社会资金的方式。这值得我们进一步思考。

在其他宪法中，选举权像是经由立法者作出判断赋予人民的一种恩惠。该判断可能基于多少不等的审慎观点，这一点我们已经了解，因为当审慎和自由裁量不涉及你我的财产而仅事关天然的慷慨时，它们有非常特定的含义。

因此，其他宪法相信它们有权完全剥夺某些人的选举权，这些人或者没有达到特定年龄，或者没有特定数量的财产，或者没有满足其他预先设定的条件，那些宪法认为这样做没有给任何人带来不公正。但这种操作方式与专制政府的做法并无二致。事实上，就其专制和独裁的程度而言，它有过之而无不及。

一个国家最为富有的家族中可能只有一个子女健在。如果其未达法定年龄，他将不能参与任何选举事务。一位单身女人或被判有罪的人的遭遇也是一样——即便其拥有这个国家半数的财产。这是代表们代表人民而非财产这一错误观念的真正后果，换句话说，这一错误就是将代表们视为仲裁者而非代理人。如此一来，有大量财产在选举投票中没有任何影响力。

这些宪法以相同的专制，或更准确地说是立法专制，规定任何人不能通过代理人投票。那些因生病、年迈或其他原因不能亲临投票现场者将会被剥夺投票权，不管其如何富有、干练或正直。但在一个市民社会中，如果选举权并非公民的权利，而仅仅是向人民颁行宪法者随意施与的恩惠，上述情形就不被认为会造成什么伤害。

因此，在确定哪些人更适合投票时，人们犹豫不决，没有什么确定的原则。法国式宪法在这方面严重缺乏原则和确定的规范，以至于在许多基于财产最低门槛的选举法中，最低财产要求的数额被削减，以照顾某些省份，有些人被完全豁免了这一要求，有些人则仅被豁免了一半，最后，竟出现了一份财产被算作两个人财产资格之一部分的情形。①

采用这些手段，是希望让所有人满意。但人是理性的，那些违

① 《撒丁岛选举法》第 9 条规定："对租用乡村财产并自负成本亲自经营且使其多产者，在选举调查时赋予其该地产税收五分之一的投票权。但前提是该场所的取得是通过公开行为且持续时间不少于九年。同时，不必克减该财产所有者五分之一的投票权。"如此一来，同样的五分之一在选举调查中被给予了不同的两位选民。

背逻辑自洽和清晰且完备之原则的法律很难满足人的理性。对于立法者的自由裁量和审慎是否完美，人们总是心存疑虑。人们总是能找到批评对象，并且会寻求改进并改革选举法，并且几乎不可能明确类似改革的要求是否合理。同样，当涉及审慎及自由裁量的想法时，人们不可能全都意见一致。最后，有人对立法者的自由是否足够存在疑虑，而有人则认为其太过自由了。此类疑虑无法消除。因此，此类宪法必定在所有公民心目中播下了政治怀疑主义的种子，人们的心灵充斥着不确定性、焦虑和不安，这种怀疑主义又将公民抛向了一种难以置信的乐观主义。

对基本法的信仰摇摆不定且冲突不断，社会必定消沉且脆弱。我们重申，如果法律不是合逻辑地从清晰且不变的**固定原则**中推导出来，就无法达致对法律的信仰。

我们相信，制定法国式宪法时随意将一些人排除在选举权之外，实际上是对公民神圣不可侵犯之权利的损害。



我们相信，将不符合法律所确立之任意条件的产业主排除在选举院之外，这是对权利的侵犯。我们也相信，代表一小部分财产的公民，其选举权与代表超过前者一百倍甚至一千倍财产的公民相等，这是对权利更为严重的侵犯。因此，在这一情形中，本着一种邪恶且不公正的民主精神赋予小产业主与大产业主相等的投票权，我们任意地赋予了小产业主过大的权利。同理，普通法典的其他规定——如对选民财产资格的要求以及对候选人更高的财产资格要求，以及不给代表支付任何报酬的规定，如此等等，都明显受到了邪恶且不公正的贵族制的影响。最后，任性随意地确定选民的宪法则受到了邪恶且不公正的专制主义的影响。这里，专制主义深入了社会的根髓,也深入了支配宪法的立法者,不管其是何方神圣。

为了避免这些障碍,并遵循社会正义原则使每位纳税人在社会中获得与其所纳税金成比例的影响力,本条款规定,甚至可以由合法的代理人代为行使选举权。

因此,如果女士的礼仪使她们不能亲自参与选举院,她们可以像尚未脱离父母管束的儿童那样通过代理人行使其权利。妻子、未成年人和禁治产者以及其他因任何原因无法亲自参与选举者可通过其丈夫、父亲、家庭教师、受托人或其他任何人行使其权利。

由此,我们可以得出,我们提出的制度允许投票的公民数量比包括普选制在内的其他任何制度都要多。同时,社会也完全不用担心比例投票制会带来什么有害的结果。



其原因我们在本条款中已经说明,认真审查每个选举院,确保组成选举院的每位选民的投票不被遗漏(如果遗漏,也必须由政府补齐),这不仅仅是为了刺激选民参与选举,而且还能保持公民在选举中拥有与其财产成正比的影响力。其实,该安排源自相同的社会正义原则。否则,如果我们不把那些没有出现在选举院中的公民的选票计算在内,出席选举院并进行投票的选民将获得过度且与其财产不成比例的影响力。

经由这一过程,政府在选举中真正获得了影响力——但这种影响力是公正获得的,并且符合放弃投票之公民的意愿。

在这一情形中,政府成了这些公民的自然代理人,因为如果公民们没有致力于维系公共秩序,政府有义务始终提供实现此目的所需的一切。当人民不参与任何公共事务时,政府有必要公正地承担一切。此时，只能是专制政府。但当人民表明其有能力且乐于参与时，政府必须逐步容许人民更大程度地介入公共事务。在我国的情形中，用什么规则来了解人民经由行使选举权在哪些领域知情且有意介入呢？是事实规则。事实上，当人民通过投票介入公共事务时，他们就知情并有意介入；当其不投票时，他们就不知道自己想要什么。因此，政府有完全的权利和义务根据多数或少数的比例来弥补不足。所以，本宪法恰到好处地适应了国家已经达到或将要达到的政治成熟度。

当然，有必要作如下补充：政府有义务为本条款所列人群补齐缺失的选票，这与其说是政府权力过于强大——因为合法的权力从来不会过于强大——毋宁说是因为为选举院所确定的上述人群补齐缺失选票的行为是一种保证，它往往能杜绝权力机关任意地法外施恩，这也是本宪法第十五条所明文禁止的。

**第六十条　享有选举权需具备下述条件：必须是意大利人，达到法定年龄，未被剥夺法律保护，没有过度负债，无刑事犯罪行为。如果因政治问题被定罪，他们必须被赦免才能享有选举权。最后，他们不得同时从事与选举相冲突的工作。**

本条款就选举资格所列的条件比意大利君主们到目前为止所采用的任何其他宪法所确立的条件远为宽泛，甚至比其他所有已知的宪法所确立的条件都要宽泛。对财产条件不作要求；年龄条件是可能的最低要求，如此等等，不一而足。

我们能将选举资格的条件规定得如此宽泛而不会有任何危险，这是因为我们所采用的选举制度使得腐败几乎不可能，选民的判断自身足以保证作出好的选择。

我们已经提到:私人利益是最为警觉的眼睛,我们的宪法召唤它们来进行选举。财产不容许腐败。对财产抱有私欲的人才会腐败。

选举资格的第一个条件是候选人必须是意大利人。有必要将有利于意大利统一的这颗种子植入意大利宪法。

宽宏大量的查尔斯·阿尔伯特是这一安排的先驱,在其出版的选举法中,与外国人相比,来自亚平宁半岛各邦的意大利人享有优先权——但这一优先权过于微弱了。

只要是意大利人,即意大利任何一邦的任何公民,只要其在任内遵守国家法律并服从法院管辖,都能被选举为代表。

由于代表是代理人,严格说来,外国人担任代表也无不妥,只要其具备必要的智识和道德品质。但意大利人——不论其属于哪个城邦——都不能被称作外国人。以此种方式,公民在选择其代理人时有更大的自由和更多选择。



由于意大利不同区域由不同的君主统治,除非君主们在严格的邦联之下统一起来并以具有最大限度一致性的法律和习惯来统治各邦,如同他们身处同一个视所有意大利人为同一母国之成员的立法机构一样,否则,意大利各族人民的统一就并不完美。因此,有必要在意大利各君主和人民之间形成的约定中增加这样一条:所有意大利人可以在任一邦国中担任公职。我将在之后的一篇文章中更为深入地探讨该问题。

选举资格的第二个条件是法定年龄。其他宪法要求候选人的年龄更大,它们这样做是正确的,因为它们确立的平等投票制不足以保证好的选择。但与财产成正比的投票制已经给出了可能给出的最高程度的保证。选择律师以应诉的人都是选择其能找到的最佳人选。产业主们选择自己的代理人时更会如此。

以此种方式确保能够选出最佳代理人，接下来我们就能收获这样的好处，即可以完全遵守才尽其用的原则。举例来说，一位年龄在 30 岁以下的年轻才俊，才能远胜其年龄，我们为什么不能选用呢？

我们需要一个例子来证明如此明显的情形，罗马共和国人民一致选出的第一位非洲裔最高军事将领不是年仅 24 岁吗？他不是充分证明人民的选择没错吗？如果选材者是致力于作出好选择的选举院人民，很难作出错误的选择。

本条款所表明的其他否定性要求无需评价。依据意大利人民的智慧和宗教情感，也许他们在其中还想找到一种其并没有找到的品质：天主教信仰。这一疑惑就留待国民自己解决吧。

如果我们讨论的是选举权，我正式宣称，一个人只要缴纳一定数额的直接税，不管其是否是异教徒或非天主教徒，都不应将其排除在选举之外。根据我们已采纳的原则，将其排除在选举之外的做法是公开的不正义。但是，这一点不适用于被选举资格，因为其不和财产相联，在大量天主教徒中，我们就能选出开明且正直的代理人。

当然，我们必须完全承认，意大利是一个天主教国家，我们父辈们精心呵护的天主教是这个国家最强大的凝合剂。

在天主教国家中，天主教是国家所有公民的共同规则，异教徒和不信教者是例外——一种被容忍但不被赞许的例外。事实上，如果我们设想天主教徒赞许他们认为虚假的宗教，这在用词上前后矛盾。不管天主教徒因为相信相关宗教的践行者是在真诚信仰而怎样尊重他们,其都不会也不可能认为它们是宗教,只会认为它们是对真理的败坏,是迷信。

因此,意大利要么是天主教国家——如此一来,它不会赞许而只是出于仁爱而容忍非天主教的宗教——要么赞许那些宗教而变成非天主教国家。如果是后一种情形,意大利必须最终放弃所有国家宗教活动,尽管这些宗教活动使人民情同手足,给人民带来了最纯粹的快乐、最真诚的一致,和灵魂的最直接的欢愉。

以宪法的形式,人们接受了服从多数的原则。法律就是据此制定的,并且只要其没有侵犯少数派的权利,人们就承认该原则的公正性。因此,在天主教徒占多数的国家——在意大利,几乎所有公民都是天主教徒——很明显,宪政正义会允许天主教情感压倒一切。这一情感似乎向天主教徒表明,他们只应接受其他天主教徒的统治。因此,天主教国家——意大利一马当先——有权期望天主教立法者根据该宗教情感为国家立法。

请允许我再补充一句,每个国家,尤其是意大利这样的国家,其首要需求是国家的内部统一。宗教差异是不和的种子——其所滋生的是最为根深蒂固且不可调和的冲突。所有历史,尤其是宗教战争,都表明了这一点。我们现在正见证的喧嚣不已的瑞士进一步确证了这一点。因此,如果只是为了争取极少部分公民而将不和的种子引入意大利立法院,这是审慎之举吗?

如果在立法的目标中,我们能够区分某些影响宗教、教育和国民道德的事务和其他只涉及物质利益的事务——并且如果我们能够允许非天主教徒和异教徒只商讨后者,混乱不会如此严重,人们的厌恶感也不会如此明显。但这种区分是不可能的。因此，如果立法院中有不信奉天主教的代表，我们将会遭遇下述难题，即天主教徒号召非天主教徒来对其神圣的良知和其子女的道德教育施加影响——尽管只是间接影响。这样一来，福音书刻印在社会上的品性将被危及。它当然会被削弱，经验表明这在其他国家已经发生。

有人会说意大利立法院中的非天主教徒只是少数。但在某些特定时段，谁知晓公共辩论中少数派会有怎样的影响力呢？立法院中的少数派也是整个国家所倾听的讲坛的组成部分。我们是否也会建立一个非天主教的和异教性质的关于立法精神的公共且庄严的讲坛呢？如果我们仅以少数派的投票数量来测度其影响力，它仍然能够制造可观的破坏，例如通过阻止良善法律获得通过，或者在多数派意见分歧时使天平向着糟糕的结果倾斜。但少数派的权力不仅仅基于其可得的选票，它主要基于他们的雄辩、胆识、进行诡辩的能力以及其在人民中形成的党派，尤其在动荡不安和群情激愤之时，在基督教信仰松懈并且人们急于寻找新鲜事物及新的思考和生活方式时更是如此。在这些时候，少数派的权力就容易解释了：其行为总是带来革命。最为晚近的一个例子是法国革命——这个例子向我们表明，在基督教国家的司法部中，一位犹太人充任了司法部长！因此，甚至从国家安全的角度出发，也要求意大利立法院拒绝不信仰天主教的代表。

信仰其他宗教的代表进入立法院还会带来另一个难题。在国民面前，所有代表一律平等，他们有必要互相尊重。因此，天主教代表将会丧失其部分的自由，因为在有些情形中他们将被迫支持非天主教代表,并为了在一些有争议的法律方面得到他们的支持而做出让步。因此,我们不仅会形成宗教冷漠这一世纪顽疾,而且还会削弱天主教的自由。

就如此重要的问题做出的这些思考不能被无视,毫无疑问,我们会发现这个国家中很大一部分人在思考这些问题。意大利必须畅所欲言。

**第六十一条　司法系统成员不得成为立法院成员。对代表的要求与担任政府内阁长官的工作不相容。它也与要求代表在首都之外居住的工作不相容。一旦对代表的要求消失,那些为满足该要求而放弃工作的人就可以继续从事其原先领域的工作。**

立法院的自由和政府雇员的自由及独立使得立法院代表这一职位与许多工作岗位不兼容。



君主要求内阁长官不能同时作为立法院代表。另外,由于代表君主提出立法建议者主要是内阁长官们,他们不能同时既是球员,又是裁判,这样才公正合理。

同理,那些意味着有义务居住在首都以外的职位也不符合对代表的要求,因为允许这些岗位上的职员离开其驻地到首都践履代表职务,这有损良好的秩序和公共道德。

最后,需要独立的司法部门完全不能参与立法院代表事务。对司法部门而言,作为正义的守护者,其享有所有的荣光,它必须作为国家主要权力机关之一来平衡立法院的权力。

不能阻止政府雇员成为立法院代表候选人,但前提是其放弃现在的职位,而一旦其代表任期结束,他可以担任另一个位阶更高的政府职务。

在其他宪法中出现过因为害怕有行政职务者影响选举而排除其代表任职资格的情形，但我们所建议的选举法去除了这一危险，因为主要由法院负责协调选举，代表委任状也由其签署。

**第六十二条　各省代表享受适当补助，作为一种来自国家的补偿。**

**代表不能接受选民的任何礼物。一旦代表被证实接受了选民的礼物，其代表资格即告终止。**

本条款规定，代表享受补偿，这是公正的，对来自各省的代表而言更是如此。没有这一规定，乐于接受委任的代表数量将过少，许多可能有能力的代表将被排除在外。

此外，没有这一条款，本宪法与其自身的精神无法自洽，尤其就第六十条的立法意图而言更是如此，后者没有为候选人确定任何财产条件方面的限制。



在比利时，立法院开会期间，不住在立法院所在城市的代表每月享有 200 弗罗林的补助。

来自各省的代表抛家舍业来到首都践履其代表职责，必然会有很大的支出。我国仅刚刚开启宪政之路，并且还没有完全理解自给自足的重要性，很难在各省找到有能力且无工作者，谁能够或愿意仅凭对国家的热爱，不需要任何补偿就作出如此人身及财产方面的牺牲。不仅是代表数量将会过少，而且他们将主要是有展示其雄辩能力并获取胜利的野心而没有多少财产的年轻人，而不是英明且成熟的**家长们**。

有人说，只有当民主主导国家时，代表们才领取报酬；其论述适用于那些遵循平等投票制的国家，对依比例投票制选举代表的国家却完全不适用。在这里,财产本身就是选举权,就其选贤举能为己所用而言,财产不具有糟糕意义上的民主特征。

本条款同时规定,是国家而非选民为代表支付报酬,这是下述原则的结果,即选民和君主一起代表国家,而不是各省或选举院代表国家(第五条)。

最后,代表任职期间禁止接受来自选民的礼物,以消除拉帮结派实现地方或私人利益而非国家普遍利益的危险。

**第六十三条　如果代表因任何原因离任,其选举院将重新选举。代表无正当和可被接受的理由而不参加立法院活动,其所属立法院会对其科以罚款。**

所有雇员各就各位,这对于政府事务的良好秩序至关重要。这一原则适用于政府所有职位,尤其对代表职位而言更是如此。因为本宪法的根本原则是,法律的正义性和恰当性依赖立法院的恰当立法,后者忠实地代表国家的所有财产,并经由这些财产而代表国家的所有利益。



因此,本条款规定,如果代表离任,政府必须立即开启一位新代表的选举程序。这就确立了一种新的情形:如果内阁没有组织选举理事会以选出离任代表的继任者,它就必须对此负责。

此外,宪法通过科以罚款的方式确立了代表参与立法会议的严格义务,罚款数额由立法院确定,在有些情形中需要较大数额的罚款以确保实现所有代表参会的效果,而在另外一些情形中,较少的罚款就足够了。

立法院自身在对其成员执行这一原则时的失职行为由检察官予以补救,后者负责向最高政治法院报告,如果立法院在收取罚款时有失职行为，最高政治法院可以指定立法院向相关代表科以罚款。

**第六十四条　每个立法周期历时六年。每个立法院每三年更新其半数成员。首次被替换的半数成员由君主选择。**

本条款规定代表任期六年。这一任期远长于其他宪法的相关规定。延长立法周期的优势在于，立法院会更为保守，并减少了因频繁选举给国家带来的不便。

上院事实上注定会代表保守原则，在一个没有上院的政府中，就更需要立法院的组织形式能够促进保守精神。出于同样的目的，本条款规定，每个立法院每三年更新其半数成员。这确保了另外半数参与处理国事的代表保持不变。

这一换届方式使得选举所要求的工作不致扰乱整个国家，并确立了一种新的反对腐败的保护措施。



法国 1814 年和 1830 年制宪会议规定立法机关任期五年，这在野心勃勃者看来有些过长了。立法院每三年更新一半的代表，这样野心勃勃者得到了满足，国民也得到了满足，他们为经常能够参与立法院的形成而感到满意。

相反，如果我们像西班牙宪法那样规定立法院成员每三年全部重新选举，或者像比利时宪法那样规定每四年全部重新选举，我们将会失去六年制任期带来的稳定性这一优势。

当君主认为可行时，可以全部更换立法院代表（第十条）。

当立法院全部都是新任代表时，前三年过后，君主有权指定哪些代表任期终止，并因此而必须重新选举继任者。这一安排的优势在于不必解散整个立法院，只需更新其半数成员就足够了，这有利于政府平顺运行。

**第六十五条　意大利语是立法院的官方语言。**

除宗教外，语言也是一个民族的凝合剂，因为它是民族性的表现和结果。因此，不仅要规定立法院中只能讲一种语言，而且立法院最好专注于保持国家语言的纯粹性。

**第六十六条　立法院会议公开进行。但如果有10名成员提起书面请求，立法院可以秘密议事。**

立法院公开议事是必要的，这样选民就能知道作为其代理人的代表们如何对待其利益，并在以后的选举中采取相应行动。

这似乎是一个真正的宪法上的原因，立法院公开讨论是公正的；还有一个原因是，在选民面前讨论公共利益有助于代表们正直且积极地开展工作。



事实上，在宪政政府中，人民必须通过选举其信任的人作代表而授权他们，并进而完全将相关事务交给政府，接受其代理人认为正确的结果，直到新的选举到来，届时，人民再次通过选举介入相关事务。如果不坚定地坚持这一原则，国家就不会再有秩序，无政府状态将不可避免。为了实现秩序，人们制定了宪法，分配权力并授权代表行使权力。因此，每当人民不满足于选举代理人行使其权力，而是想通过暴力甚或仅是道德暴力直接接管政府，他们就违反了本宪法，并且必须被惩罚。

这些原则使得维系基于宪法之上的秩序成为可能，根据这些原则，如本宪法第五十九条所表明的，所有不能行使选举权的人都应被排除在立法院之外。立法院规章应该包含关于这一事务的某种规定。

**第六十七条　当立法院之一院不开会时，另一院开会即告非法。两院不得齐聚一堂共同讨论问题或作出决定。上述两种情形中产生的法案无效。**

本条款是立法院分作两院（第四十八条）这一原则的自然结果，我们在探讨第四十八条时给出的原因能证明当前这一安排的正当性。

**第六十八条　立法院两院有权自行决定其成员的委任状是否合法。如果该委任状的合法形式被确认，代表即告产生。但如果其以法律禁止的方式获得委任状，必须由胜任的法院来审判他。**

本条款与其他宪法不同，因为其限制立法院权利，立法院审查代表们的权力以确认任命其成员的文件合法。如果该文件在法定形式方面没有欠缺，立法院就必须接受该代表。如果代表以法律禁止的方式获得委任状，必须将其转交胜任的法院来进行审判。可以由立法院的检察官，也即国家检察官将其诉至此类法院。胜任的法院必须是选举发生地的省级上诉法院，因为该代表的委任状由更低层级的法院签署，该法院先于选举而存在，并就涉及选举进程的恰当执行的相关事务作出判断，这一点我们稍后再解释。

这一安排符合司法分支与行政分支完全分离这一已被接受的原则，前者由两个层级的法院代表，而后者则由立法院代表。

在其他宪法中，正义没有被完全代表，因为法院缺失。怎样做才能弥补这一缺憾呢？由上院充当高级法院来审判政府所犯的罪行，这等于将两种天然独立且分离的权力集中在一人手上：行政权力关涉效用，而司法权力关涉正义。这样做等于那些人既是球员又是裁判。因此，他们将专制政府中君主手中的专制权力给了立法院。专制权力错位但却没有被消除。让一个人,不管其是个人还是集体,同时既当球员又当裁判,就践行专制而言,还有比这更好的安排吗?只有确立行政权与司法权的完全分离,政府形式才能真正自由,其方式就是将两种权力放在不同人手上,并强令前者承认后者——所谓承认,是指让正义高于一切,甚至高于政治权力本身。这样,社会服务于正义,而正义掌控着其真正且唯一可能的自由。社会的根基稳固,因为这一根基是永恒的。

**第六十九条　两院通过内部规章来决定其履职的方式。**

经两院同意的规章更为深思熟虑且和谐,由于两院都是选举产生,每个立法院的规章必须与另一立法院相同。

因此,即便当规章有些修改时,最好由两院共同参与,以使它们充分维系本宪法规定(第四章)所确立的完美平等。



**第七十条　代表身份确定后,在其履职之前,代表需起誓效忠君主和宪法。**

起誓是一种庄严的宗教行为。天主教徒知道并坚信,宗教是市民社会的基石和宪政秩序的最高保障。因此,这些信教人士希望起誓这一宗教行为尽可能地得体、庄重。那么就由主教和牧师来接受人民代表的起誓。

似乎起誓服务于宪法并忠实地维护宪法就够了,不必起誓效忠君主,后者的权力宪法已经作出了界定。但在当今时代,有人想方设法地威胁并攻击行政权力以达到将其弱化的目的,因此在起誓时明确提及效忠君主是有好处的,这就又增加了一道来自代表们的保险。

**第七十一条　每个会期开始时,两院在代表中选择确定主席、**

**副主席、秘书及其他职员，其任职时间与该会期相同。**

立法院根据内部规章选举其长官，这是立法院之自由的一部分。

**第七十二条　如果代表的绝对多数没有到场，两院的会议和审议非法且无效。**

**第七十三条　决定的作出适用多数票决。**

根据我们确立的宪政制度的原则，由多数利益来制定法律。因此，如果我们没有用第六十三条确立对不参会代表的惩罚，上述两个条款在实现前述目标时是不够的。但我们无法避免确立使立法院审议合法的最低法定人数。

本宪法规定绝对多数的代表需要出席，我们也知道，大多数并不够，理想的情形是要求所有代表出席。

**第七十四条　每个立法院提名数个委员会，由其负责初步审查所有法律提案。**

**一个立法院通过的法律提案将被转呈另一院。另一立法院讨论通过后，提案将呈递君主审批。提案的讨论逐条进行，而投票则整体进行。**

**第七十五条　投票分三种形式：坐立表决、分组表决和秘密投票。**

**对整部法律的表决和涉及人事的表决总是适用秘密投票。**

**第七十六条　如果法律提案被有立法权的三方之一否决，它就不能在同一会期中被再次提起。**

这些条款与其他宪法相同，它们没有包含新的原则，只是确立了立法院讨论国家事务时的程序。因此，没有必要对其原因详加讨论。即便想要对这些程序作出某种修改,这些修改也不致危及我们所认为的一部持久宪法立基于其上的基础——这样的宪法是公正的,它能带来社会繁荣和民族伟业。

**第七十七条　政府内阁长官及专员可自由出入立法院,并且当其要求时,立法院必须准其发言。两院讨论时可要求内阁长官出席。**

立法院可要求内阁长官出席,这是第四十七条规定的结果,该条款赋予立法院质询的权利。

同样自然的是,尽管内阁长官们在立法院中不能投票,但他们有权发言,并出席立法院的所有讨论,包括秘密讨论,因为行政权力的运行依赖内阁长官,并且他们有权提请立法(第十一条)。政府平顺运行,内阁部长和立法院和谐一致并经常沟通是不可或缺的条件。

**第七十八条　除政府内阁长官及专员外,立法院不接受其他代表团,并且除内阁长官、专员及立法院成员外,其他人也不能在立法院发言。**

在宪法体系中,人民不是主权者,这本身就是荒谬的。但人民享有部分主权,这尤其体现为选举其利益的代理人的权利。一旦选出了代理人,人民就通过其选举的代理人而非亲自行使主权权利。通过选举,人民有义务在法律规定的时间内让代理人自由行使权利。一旦任期结束,就需要进行新的选举。

这一程序是君主正式宣布的宪法所确立的,其目的是,人民的所有利益在政府中都能发声,同时维系秩序避免混乱。如果人民直接且任意地毫无章法毫无秩序地干预政府事务,我们将无可避免地遭遇无政府状态，并且人民自身会被牺牲并成为胆大包天的煽动者的受害者。

因此，为了使人民能自由且平静地行使被赋予他们并因此属于他们的那部分主权，同时不会产生无政府状态或暴力，也不会使人民僭越合法权力的边界，我们在本条款中坚持认为，立法院不能接受任何代表团，他们也不能听取来自除立法院成员和政府之外的建议。

也有必要保护立法院自由，它们的权力不能被任何其他权力侵扰。任何向立法院派驻代表团以开导立法院成员的行为都属多余，因为立法院成员可以获得来自各地的必要信息，出版自由使所有公民有权让公众知晓他们对公共事务的意见。

**第七十九条　代表不必为其在立法院中表达的观点或进行的投票承担责任。**



本条款被认为在实现代表完全自由讨论方面非常必要。但这不能阻止立法院通过的法律被最高政治法院取消，并且如果立法院滥用权力，这也不能阻止其被行政分支解散（第十条）。

# 第11章　宪法第五章条文的原因分析

**第八十条　司法机关独立适用法律决断案件。**

司法独立被普遍认为是良好政府形式所必须的一个原则。接下来我们所欲求的是宪法中没有什么内容违背该原则。我们关于上院双重权力的评述以及接下来我们要进行的评述将表明这在诸普通宪法中是否如此。

在上述条款中，我们只是表明了司法机关应独立地将法律适用于出现的案件，这是因为立法权不属于法院。然而，本宪政工程中，司法机关对立法权进行某种监督和审查，因为如果立法机关制定的法律侵犯了本宪法保护的权利，受侵害方诉诸胜任的法院，法院即可正式指控立法机关，并且其可以发布一个否决不公正法律的判决。

**第八十一条　司法机关包括两个分支：第一分支裁断的事务涉及社会的及私人的个人权利，第二分支裁断的事务涉及社会公民权利。**

**专事军事案件的法院属于第一分支。**

现存诸宪法的一个缺陷是，其给予了立法院压倒一切的权力。该权力通常由法院体系加以调和，这非常有用，经由此种调和，宪法庄严承认，即便立法院也应服从正义。

立法院和君主一同代表国家，但法院主持正义，而必须承认正义是永恒的且超越国家。

立法院的一个主要目的是制定有用的法律，但在符合道德的基督教宪法中，必须高度认可并宣称有用的法律必须服从正义。

在一个秩序良好且自由的国度，正义必须超越一切，并且其必须被庄严地代表，这一观念如何重申都不为过。因此，存在另外一种权力，它与纯粹的政治性权力不同，它具有更高的尊严并主持正义，这是恰当的。该权力不必牵涉关于何为有用的权力，即行政权力（第六十一条）。它只需就何为正义作出判断。

当然，正义既涉及私人领域，又涉及公共领域。因此，同时设立政治法院和民事法院是恰当的。

我们所谓政治法院，是指那些直接监督宪法之执行的法院，它们确保宪法所承认的社会权利，捍卫市民社会的构成性权力，并防止其相互侵扰。因此，适用涉及军事纪律之法律的法院不属于这一类型。

**第八十二条　政治正义最高法院的法官数量与一个立法院代表数量相同：这些法官由全体人民从两个立法院 40 岁以上的代表中普选产生。每十年由人民来决定他们是否想要重新选举法官。即便没到十年之限，立法机关也可以通过颁布法令就是否重新选举法官征询人民意见。**

政治正义最高法院有义务监督国家的所有权力机关，以使它们不致越界，使其行为不致以任何方式破坏正义。这一最高且最为神圣的法院平等保护个体正义和社会正义，以及涉及自由和财产的诸权利。所以，这平等地关涉所有公民，因为无产者和有产者的权利同样神圣。因此，所有公民平等投票选举所有这些法官是恰当和前后一致的。

我所谓的普选投票选举政治正义最高法院法官，是指所有有选举权的公民（第五十九条）有权投票选举，即所有未被禁止治产的男人和家长们。

由于这些人是唯一可以投票的，家庭权利和给予家长们的权威受到了尊重。由此，人们推论可知，家长是也必须是其各自家庭的决策者。[①]

至于选举的方式，抽象地讲，最佳的方式被称作列表法。然而，其适用遭遇了困难，因为选民们无法了解最高法院所需要的所有成员。相反，可以让选民提名其认为适合该职位的数量或多或少的候选人，总数不超过最高法院所需成员数量。该方法的优势在于，随着人民逐渐熟悉了宪政生活，该列表将逐渐完备，最终会毫不费力且非常自然地达致完美境界。

正义与宗教具有亲和性，后者是正义的最高境界。因此，这些选举在宗教的保护下进行，这样做是恰当的。所有选民有义务参加，不参加将被科以罚款。被选举人由各教区记录，由教区牧师在两个证人见证下进行，记录应该公开。首轮计票在主教管区进行，由主教主持，保证一定程度的公开性和庄重性。第二轮计票应由首都的主教主持并在君主见证下进行，以君主的名义实现正义（第十六条）。该过程同样需要保证最大限度的公开性和庄重性。

法官数量与一个立法院代表的数量相等，以使这一庄严的法

① 关于我们对家长的打算，请参见《法哲学》（Ⅱ），1552、1700—1727。

院能够稳妥地讨论其需要作出判决的涉及公众权利的重大问题。该法院得到更大的权威和权力,以便其能够制衡立法院权力。

最高法院法官需过了具有火热激情的年纪,这是恰当的,如此一来,他们就能够以成熟的理性裁断案件。因此,我们规定,最高法院法官的年龄不能低于 40 岁。

也有必要使法官在这一庄严岗位上工作很长时间以达至完美状态——甚至最好是终生服务于这一岗位。

但也可能出现下述情形,选举结果不能令人满意,不管原因为何,最高法院没有得到人民完全的信任,或者其蜕变成一个政治派系,专事反对议会。因此,我们规定,行政机关每十年向人民征求意见,以确定是否有必要作出改变;并且立法机关甚至可以在十年期满之前即通过颁布满足所有必要之形式的法令来征求人民意见。

对政治正义最高法院法官的这种可能的更换没有违背本宪法第九十一条所体现的精神,该条款规定法官不能被开除。原因是,这种不能被开除的规定仅仅意味着行政机关不能任意地更换法官,其目的是保证法官能够独立地主持正义,不受行政权力的影响。

**第八十三条　在两个分支的法院系统中,都有基层法院、上诉法院和最高法院。**

**对需由政治正义最高法院审理的案件,将由两组法官进行两次审判,一组法官人数比另一组多。在终审时,法院全体法官共同出席审判。**

其他各宪法赋予上院的政治管辖权有许多缺点。其不仅受限于管辖事务的范围,其程序也存在瑕疵,因为只有一次审判。

如果本宪法第八十三条所确立的三级审判制度不被执行,正义就无法完全实现。在该制度中,两级法院如果作出相同的判决,诉讼必须被终止。

如果因为发现新证据(ex noviter repertis),或者因为明显的错误而需要重新审理案件,就有可能诉诸政治正义最高法院,后者决定该案件是否能够发回审理涉及私人权利事务的法院重新审理。

在各省首府,有必要建立上诉法院,在其之下则是初审法院。

这些法院负责判断涉及政治权利及对政治权利的侵犯的一切事务是否公正。

选举法必须委任初审法院为选举时的议长,由他们来监督选举名单列表的形成,并编纂签署代表的任命状,以决断选举院中可能出现的任何问题。其功能相当于古罗马时期的监察官,只是比后者在形式上更为正规——而现代各国的宪法忽略了这一功能。



**第八十四条　当政治权力机关作出的决定可能侵犯本法所确立之权利时,任何个人和团体都可以诉诸胜任的政治法院。**

每当公民认为其政治权利受到侵犯时,其必须能够诉诸政治法院。我们假定一位选民认为其被归入了一个并非法律指定给他的选举院;他能够将此诉诸上诉法院,如此等等,不一而足。如我们在第六十八条中所言,在接纳代表之前,立法院仅需确认代表的委任状是否具备所有的法定形式,是否已被政治法院恰当地签署。

因此,当立法院通过的立法建议被认为包含某种不正义时,在批准或拒绝之前,君主有权将其交给政治正义最高法院予以裁决。如果法院认为该立法建议不公正,其就不能再被转呈君主签批,而是自动出局,无需君主和立法院之间为此争执。立法院不能继续提议该法或修改之。这些法院辩论公开进行(第九十二条),法官为数众多,他们进行的论辩足以保证最高法院涉及如此重要问题的判决的可靠性。全体人民,换句话说,公众意见是对这些庄严判决的隆重批准。很明显,在其他不甚重要的问题上,不管其正义与否,都不会出问题。

甚至在法案被君主批准之前,少数派——如我们曾提到的,甚至公民个人——都可以将立法院诉至最高法院,这里将是正义主宰一切。唯其如此,才能保护每位少数派的权利,使其不致受多数派压迫。

宪政国家的一个重要缺陷是为了多数而牺牲少数,对此怎么提醒都不为过。①

政治法院,尤其是最高法院是立法院和君主之间的联系纽带,它们能够阻止这一严重问题的发生。



我们已经提到,是少数派发动了革命。如果少数派能够找到和平的方式捍卫其权利,他们就没有理由诉诸人民暴力使整个国家乱作一团。

西斯蒙第认为,一国宪法遭遇的最大困难是保护少数派权利,避免其遭遇来自多数派的任意和不公正,在两者之间引入节制和和解精神并由此友善地化解其分歧,这是他找到的不二法门。这好极了！离开道德,政府就不能存在。② 当政府治下的公民道德

① 我在《政治哲学:社会及其目的》一书中专门讨论了多数人暴政的问题,如果读者想要看关于这一重要问题的著作,请参看拙著。

② 《政治哲学:人类社会的稳定及衰落的原因概要》(*Della sommaria cagione per la quale stanno o rovinano le società*)一书表明了这一真理。

更为高尚时,政府也更加稳固。但英明的立法者必须通过制度来支持公共道德,这就是我们所推荐的政治法院。[1]

就其本质而言,这一法院首先是一种和平的正义力量。其首要职责是尝试使涉诉各方和解,只有在不可能和解时才进行判决。

与其他机构一样,该法院有警察支持,因为本宪法第四十五条规定,法院的决定必须被执行。

正义感是人们发自内心的,而正义观念战无不胜。全国人民的正义感都会支持政治法院。因此,对一个想要宪政形式的真正自由的民族而言,教导其政治正义的方法是不可或缺的。现在,政治法院就是教导人民知晓其权利的权威讲坛。他们目的明确的判决将更具权威性,初审判决和上诉审判决也必须目的明确,以协助终审判决。以此种方式,司法机关履行了维系并监督国家宪法的职责。人们召唤最高法院确保立法机关制定的所有法律与基本法之间保持最严格的逻辑一致性,因为基本法必须高于所有其他法律并成为它们的标准。这一制度安排极大地有助于使得基本法相关规定成为现实。在其他国家,它们制定一部宪法并广泛宣传,之后就把它遗忘,因为没有明确地负责保护宪法的权力机关。于是,人民直接接手并制造正义。但只有以法院的司法判决取代上述方式的国家才是文明国家。因此,只有当确立一个权力机关负责监督违反宪法的行为时,我们才能说一个宪政政府是真正文明开化的。唯其如此,宪法才不再是无法发声的纸面文章,而是获得了生

① 参见《法哲学》(Ⅱ),2648。

命并开始讲话。[①]

**第八十五条　关于司法机关的组织，本法未尽事宜，将由专门立法予以决定。**

司法机关的组织由法律决定，这是本宪法第二十五条规定的结果，后者规定，不能将任何人与其自然的法官分隔开来。如果法院判决能被君主随意改变，对公民个人自由及其他权利的这一保证就成了虚幻。

**第八十六条　内阁长官各负其责。**

**第八十七条　两个立法院都有权起诉内阁长官。当一个立法院起诉时，另一个立法院负责裁断，而政治正义高级法院则负责适用法律。**

**第八十八条　内阁长官的职责、起诉他们的方式以及相关惩**

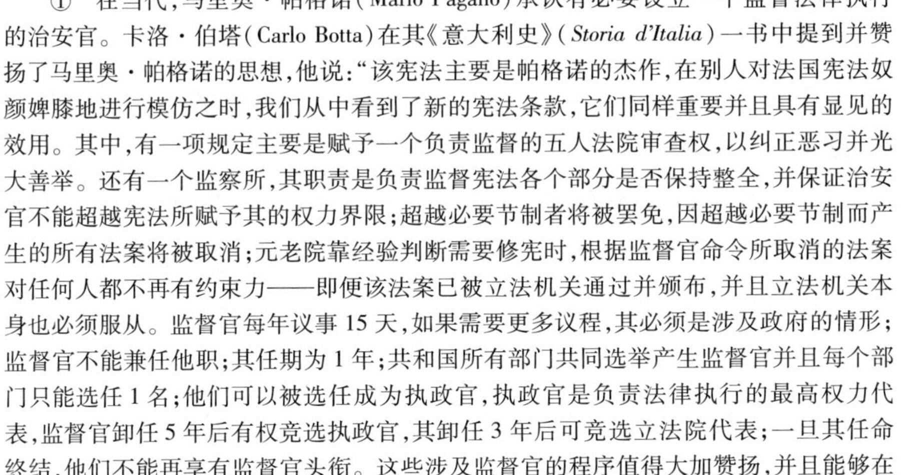

① 在当代，马里奥·帕格诺（Mario Pagano）承认有必要设立一个监督法律执行的治安官。卡洛·伯塔（Carlo Botta）在其《意大利史》（*Storia d'Italia*）一书中提到并赞扬了马里奥·帕格诺的思想，他说："该宪法主要是帕格诺的杰作，在别人对法国宪法奴颜婢膝地进行模仿之时，我们从中看到了新的宪法条款，它们同样重要并且具有显见的效用。其中，有一项规定主要是赋予一个负责监督的五人法院审查权，以纠正恶习并光大善举。还有一个监察所，其职责是负责监督宪法各个部分是否保持整全，并保证治安官不能超越宪法所赋予其的权力界限；超越必要节制者将被罢免，因超越必要节制而产生的所有法案将被取消；元老院靠经验判断需要修宪时，根据监督官命令所取消的法案对任何人都不再有约束力——即便该法案已被立法机关通过并颁布，并且立法机关本身也必须服从。监督官每年议事 15 天，如果需要更多议程，其必须是涉及政府的情形；监督官不能兼任他职；其任期为 1 年；共和国所有部门共同选举产生监督官并且每个部门只能选任 1 名；他们可以被选任成为执政官，执政官是负责法律执行的最高权力代表，监督官卸任 5 年后有权竞选执政官，其卸任 3 年后可竞选立法院代表；一旦其任命终结，他们不能再享有监督官头衔。这些涉及监督官的程序值得大加赞扬，并且能够在共和国和具有共和国特征的君主国中阻止很多争论和颠覆活动。当然，时间将会确证，它们会给自由国家带来巨大益处。"

**罚都由法律决定。**

这三个条款确立了内阁长官们的职责——所有宪法都承认这一原则——并规定了相关事项的处理流程。

审理内阁长官时，政治正义最高法院负责法律适用，这与我们关于各政治法院的安排相一致。

然而，立法院也参与该过程，一个立法院作为起诉者，另一立法院则作为裁断相关事项的陪审团。这一安排的目的是在君主权力强力保护内阁长官的情况下，确保他们践履职责。

行政权可能影响司法公正，保护国家免受这一影响的破坏，以使正义能够自由地实现，这样才是公正的。同理，应保护法院的自由免受立法机关的影响，因为后者作为由人执掌的权力机关，同样倾向于侵扰其他权力机关。因此，虽然目前公布的其他宪法赋予立法院审判内阁长官的权力，但这是不明智的，因为立法院因其权力来源而仍然保留着暴力及具有煽动性的傲慢的清晰印记。

**第八十九条　立法院开会期间，代表不受逮捕，除非其犯有臭名昭著之罪行；除非政治正义最高法院事先作出决定，否则他们也不受刑事审判。**

在涉及刑事事务方面，政治正义最高法院而非立法院有义务决定是否逮捕或审判一位代表。这符合已被接受的原则，即任何形式的司法活动必须外在于立法院和君主所代表的行政政治权力。

**第九十条　政治法院的起诉人由君主任命。在法律决定的限度内，起诉人将媒体、教育和其他社会公民权利方面的犯罪者诉至胜任的法院。**

国家起诉人的确立完善了政治司法制度并使其发挥作用。

一旦人们承认,即便政府也不能将司法掌握在自己手里。一旦其违背正义,它就有义务服从胜任的法院的判决。这些法院公正且独立,因为其完全不参与行政事务。当然,国家有必要选择代理人代其出席上述法院的审判活动。

如果不确定代理人,意在约束媒体、教育及其他领域滥用权力行为的法律将经常被规避,并最终丧失效力。

国家的上述代理人必须由法律确定。

**第九十一条　任职四年后,法官便不能被开除。**

本条款确立了法官受保护的任期,这也是确保司法机关独立于行政权力和君主权力所必需的。

**第九十二条　涉及公民及政治事务的法院公开审理案件。经被告请求,刑事诉讼中的论辩也可公开进行。**



涉及公民及政治事务的法院对大众开放。在刑事诉讼中,只有对被告有利,才会对大众开放。当被告意图或要求大众不参与案件时,应同意其要求,这既是恰当的,又符合人道主义要求。这种为了被告的体面而展现的尊重有助于其改造,而如果将其耻辱公之于众,他将更难接受对他的改造。如果本国被采用的程序视犯罪者的坦白为其犯罪的证据,那么私密审判(如果被告本人要求之)将降低被告的顽固,使其不致因无比厌恶在大庭广众之下承认罪过而拼死抵赖。

为了保证即便在私密讨论中也要实现正义,可以安排国家公诉人或一个由公民组成的委员会参与这些讨论。

# 第 12 章　一般性思考

如果作简短解释，进行本宪政工程有三个理由，它们可从市民社会的本质及统领市民社会的权利中得出。

尽管读者不会忽略本宪法的意图，但我仍将重申：本宪政工程旨在赋予市民社会的秩序一个坚实的基础。而找寻这样一个坚实基础的需求源自已经述及的原则，即过去六十年各国制定的宪法事实上一无所成。它们从来没有给哪个民族带来安宁，并且其治下的人民抱怨说他们遭遇了欺骗和背叛；他们因此盛怒不已，并将这些宪法撕得粉碎——不是一次两次，而是很多次，每次这样的宪法试验都以同样的结果收场。市民社会的这种不安和重组向睁眼看世界者表明，人民要找寻的东西，他们还没有找到。当其找到了它，他们就会心满意足，就会找到安宁。不再满足于中世纪政府的欧洲人民满怀激情地愤而找寻，无惧冲突流血，他们不可能找到吗？当然不是。我相信，恰恰相反，他们能够轻易找到，前提是撇开前世各派大师们浸淫其中的偏见，我们意大利人以自己的智慧一飞冲天，达致自由状态，我们自己有勇气另辟蹊径——在我看来，本宪政工程就表征了这样一种努力。

我清楚地意识到，虽然本宪法包含着文明的宫殿所必需的坚实基础，但该基础却尚不存在。人们为了其热切找寻的事物而奋

斗，但其如火般的激情却遮住了他们的双眼，使他们得到了其所找寻的，却忽略了它，不曾认出它来，这种情况何其普遍！这与我们当下的情形有莫大的关联。但要想认识到本宪政工程对社会的平稳性而言必不可少，有必要计算其赖以为凭的两大关键所具有的复杂且深远的影响：与财产成比例的投票权和政治法院。要求充满激情的头脑耐下心来进行计算，这似乎不甚明智。

当然，我们并不缺少思想上的卓识高见。相反，在伦巴第*这里和意大利其他地方，卓识高见从来不缺。如果本宪政工程能够吸引意大利人的关注，我会感到庆幸，因为如果无人关注，卓识高见就没有价值，因为人们的关注才能将其适用于相关问题。

首先，本宪政工程似乎引发了两个难题（或者我应该说是两个矛盾？）：一些人认为它过于强调自由；另一些人则认为它过于强调财产。如果这两种反对意见能够一同出现就太好了，因为一种反对意见能够消解另一反对意见。真相是，对所有人而言，本宪政工程比其他宪法曾给予的都要多。它给予无产者和有产者的都会更多。所有人所期望的一切，它都给予和保证，而且一视同仁。

其他宪法从无产者那里拿走一些自由，而不是保障这些自由。另一方面，它们也从产业主那里夺走了财产的某些一般性权利。例如，它们从产业主手里夺走了行政立法权。其他宪法夺走的，本宪政工程还给所有人。

如果说其他宪法克减了所有人的自由，甚至无产者和小产业主的自由也不能幸免，但作为补偿，那些宪法赋予他们通过立法管

* 伦巴第：意大利北部大区名。——译者

理他人财产的权力——这本身就是一种不正义，是宪法给予中低阶层的一种邪恶的礼物。当法律将一个阶级所拥有的赋予另一个阶级，它就扰乱了社会秩序并为其自身及其受益者招来了复仇的怒火。

然而，理论上的困难并非本宪政工程所担忧的。我清楚地知道本工程最为担心的是什么。毫无疑问，其最主要的敌人是那些自谓非常实际的人，在我看来，他们非常值得尊重，但却不怎么适应新事物，因为在这些新事物中，他们一点儿都不实际。如果这些人非常实际，他们只知道走已被走过的路，而本宪政工程却要求我们另辟蹊径。

我们所谈及的这些实际的人会做什么呢？如果我们必须给他们画个范围，他们是那些非常习惯于以已确定的方式处理事务的人，以至于除了他们及他人习以为常的处理问题的方式外，他们不认可任何其他可能的理论（这样的理论的结果好坏全然无关），这样的人会做什么呢？他们针对新事物的主要反对理由通常不是对新事物内在本质的深刻检视，而是某种外在困难。例如，就我们的宪法工程而言，他们的论辩不会基于本宪法是否符合正义或是否对社会有用。相反，他们只会说它不实际；他们会说形成选举名单列表需要投入太多精力和努力；或者他们会以其他类似理由予以反对。因此，只是由于一个细节——被设想出来的甚至都不是被证明确实存在的细节——就将整个议题放弃；仅仅由于执行方面的某种偶发困难，就将全部内容放弃。他们更喜欢给予社会一种或另一种旧宪法，而它们经常给社会带来痛苦的灭亡，具有内在的不公正性。所有这些，都是因为害怕要将新法付诸实践需要付出更多辛劳,因为它是新的,需要进行特定的学习并付出一定的努力来践行之! 就我个人而言,我坚信,基于本宪政工程之原则的选举法,一旦其被人民理解,最终将比其他选举法更为简单易行。但要想理解该选举法有一定的困难,因为其观点新奇。尽管这一新宪政工程有很多优点,但就因为其需要进行一些思考,同时也有一些问题需要解答,上文提到的实际的人就会大呼小叫,哀叹其极其复杂,并要求更为简单易行的方案!

我们最好说服自己,认识到社会组织问题天生复杂。所有最为著名且持久的国家宪法都是复杂的,由于社会机器的轮轴众多,确立社会有机体的哲学家也必须见多识广。如果持续数个世纪的威尼斯共和国宪法被编纂成文,难道人们不会觉得其非常复杂吗?罗马共和国和大英帝国的宪法也是同样情形。我们不应追求简单,而应追求完美;不应追求容易实施,而应追求达致欲求的目的。完美本身既完美又简单:人的身体极为复杂,又极其简单。我们会因为蜗牛的身体比人类更为简单就认为它更好吗? 本宪政工程具备了其可能具备的简单质朴。它没有我们见之于其他宪法的无穷无尽的例外情形,它们也是其他宪法不甚完美的例证。

对包括意大利在内的欧洲各国而言,法国具有道德感染力,它在人们头脑中种下了偏见的种子,这一偏见就是,社会问题非常简单,容易处理,它也使人们确信能够找到快捷和最佳的解决方案。是的,法国针对这一难题给出了看起来很清晰的简单回答,它使大众相信他们有能力作出判断。但同样正确的是,几个大致的观念,不管其听起来多么美妙,如果真正起作用的人们予以反对,它们就只是虚无缥缈的空中楼阁,不足以确立政府的组织形式;只有将上述关系都理顺了,我们才能在观念的统治中享受完美的和平。意大利人投入更大的兴趣研究英国政治家和经济学家,这才是更为可取的。英国的这些政治家和思想家更加了解财产作为国家压舱石的作用,它能使国家这艘大船保持平衡。哈林顿所描述的乌托邦世界仍值得研究。英国这一思想家国度中一些作家所讲的真理确证了本宪政工程所采信的原则。当然,意大利同胞们,我邀请你们学习英国政治家或经济学家,但并不是要让你们重复邯郸学步的古老错误。不能这样,绝对不能!无偏见地看待一切,但要成为自己真正的主人。你们要勇敢!上帝希望你们如此。

最后,我将在此简单地总结一下本宪法的精神实质。

制定本宪法的目的是让所有人的权利都能被代表。所有权利都应发声,并借此被倾听、被捍卫并让自身获益。所有人和所有公民都拥有的个人和私人自然权利被写入了本宪法,并由政治法院来代表它们:该法院代表人民。社会权利以及使其成为可能的财产由选举团体代表。智力及道德才能由议会和国家公职代表,因为选举代表的物质利益集团享有选择其最佳代理人的完全自由,并且他们会雇用最为称职的人,并且一部特殊的法律确立了其相关权利。

本宪法是所有宪法制度中的中间路线。它调和了所有宪法制度,并综合了各种合理意见。

有些人将“**人民**”挂在嘴边。这一充满魔力的词汇无往而不胜。理应如此。但人民不仅指称平民、庶民,而是指称所有公民,即便法国宪法最后也承认这一点。此外,人民不是思维混乱且反社会的人群。倘若如此,“**人民**”这一概念将排除秩序及社会等概念。因此，**人民**指称联合和组织。就此意义而言，这也是唯一合理的意义，在我们的宪法中，人民就是一切，人民是君主、政府雇员、政治法院、议会和选民。这些都是有组织的人民的枝干，它们使得社会生活趋向完美。所以，人民是一切——但人民的一部分不是人民本身，因为其只是一肢一翼，不是整个身体。让每个枝干发挥其作用，并统一于整个躯体，以使后者生活得兴旺、幸福。

有的人满脑子都是“**共和国**”这一词汇。当然，我们的宪法确立了真正且健康意义上的共和国，因为所有公民和公民的所有权利和谐地共存、合作并发挥作用。

有人热爱君主制。当然，我们的宪法事实上是君主制，因为其将行政权统一到一个人手上，使其拥有统一性和强制力，它们使社会统一且强大，使法律和司法判决实际且有效。同时，凭借内阁长官负责制和政治法院的审查功能，君主受到保护，不致专权滥权。

还有人看好贵族品质。但即便这一点在我们的宪法中也没有缺失，因为其条款既保护穷困家庭也保护富裕家族，同时还去除了特权——而特权以出身或财富取代良好品质。该机器的发条一旦被转动，它必将带来下述效果，即社会中个人的贵族品质将会出现并处于主导地位。

就选举而言，有人认为普选制是优秀的制度；有人则憎恶该制度，因为他们从中看到了不便。我们的宪法承认普选制，但对其作了比其他任何承认该制度的宪法都大的扩展，同时去除了其所有的不便，并使其层次分明、合乎比例。

有人想要直接选举；有人偏爱代理选举制。即便在该问题上，我们的宪法仍采用中间路线，采纳了两种制度的优点，允许人们通过代理人投票，那些不能直接投票者可通过代理投票，即通过其代理人投票。

我们确立了比例投票制，但却并没有排除普选制和平等投票制。我们确立比例投票制来选举代表物质利益的议会——这些利益并非所有人平等拥有。我们采用普选制来选举政治法院法官，其代表利益和个人权利，它们必须对所有人平等。

我们偏爱选区制；相反，还有人认为主要的中心城市所进行的选举更为重要。我们在进行议会代表选举时，尽管是以选区制来进行选举，但其操作方式是，大产业主必须集中到更为遥远的中心城市，而小产业主则聚集在更近的中心城市。

我们不乏女性的支持者，他们认为女性被不公正地排除在选举之外。由于我们确立了所有财产必须被代表的原则，甚至女性和儿童也能通过父亲、丈夫或合法的代理人以可负担且方便的方式参与选举，相关家庭的权利得到了保护。



有人希望选举采用选举院的方式，有人则偏爱列表法。有人希望选举人亲自参加集会，有人则希望选举人在一个登记处登记名单。这些制度各有其优点，我们博采众长并各尽其用。我们的安排是，议会的选举人在选举院集合，每人选举一名代表，而政治法院的选举人在登记处登记其选票，每人以列表形式选出一组法官。同时，我们的规定使得每位选举人只选择其认识和了解的人成为可能，我们不强迫其列出特定数量的法官，而是只选出其凭良心认为胜任的法官。

在本宪法中，我们遵循事物的本质和具有整合性的正义原则；我们处理问题的方式是调和所有制度和参与各方，而非与之对立，我们也摒弃了各种盲目且感情用事的倾向。这一调和并非我们最初的立意，但我们发现这是逻辑推理的自然结果。当完成了工作并回顾反思，我们在作品中发现了调和与协调，这让我们喜悦，因为我们坚信社会和平和人类幸福的基石就在于恰当调和各种情感和观念。

# 附录一　罗斯米尼小传*

安东尼奥·罗斯米尼(1797—1855)生于动荡和战争时代。他出生时,美国独立战争的炮火仅沉寂了十余年,法国大革命的枪炮声犹在耳边,法国皇帝路易十六已被处决,巴黎街头的断头台和绞架刚刚撤走。就在他出生这一年,英国皇家海军又一次大败西班牙海军,其海上霸主地位已无人能够撼动;拿破仑粉碎了第一次反法同盟,行将称帝。反观其祖国意大利,当时正四分五裂,迎接罗斯米尼降生的是法国、奥地利入侵的厮杀声和呐喊声。欧洲列强把意大利变成了"你方唱罢我登场"的战场和角斗场。除外患之外,还有内忧,意大利境内林立的小王国勾心斗角,纷争不断。事实上,罗斯米尼的出生地是奥地利统治下的一个"意大利"小镇,这从另一侧面验证了当时意大利内外交困的情形。罗斯米尼终其一生也无缘见证意大利的完全统一。也正是因此,罗斯米尼始终念念不忘于意大利的统一,并在其著作中多次提及这一话题,拳拳之心溢于言表。事实上,为意大利制定一部符合社会正义的宪法这一努力本身,也可以看作罗斯米尼为意大利统一所做的基础性工作。

动荡变革的年代通常也是思想家辈出的年代,康德、马克思、

* 该小传为译者整理、撰写。

边沁、黑格尔、叔本华、孔德、约翰·穆勒等都是罗斯米尼的同代人。相较于这些大名鼎鼎的思想家,罗斯米尼的名声稍显逊色,其原因有二:一是罗斯米尼是一位天主教牧师,这是他一以贯之的志业。24岁时,罗斯米尼正式成为一位牧师,并于次年获得神学和教会法博士学位。终其一生,他都以牧师自居,甚至在其作品遭受质疑并遭遇教会审查时,都选择无条件服从。在给教皇比奥十一世的信中,他曾明确表示:"在一切事务中,我都要遵从教会的权威,我想向全世界宣告,我只服从这一个权威。"罗斯米尼在天主教会内影响巨大,他与几任教皇过从甚密,并一度被任命为教皇国(the Papal States)首相。他甚至自创天主教分支慈善会(the Institute of Charity),其成员被称作"Rosminians"(以罗斯米尼的名字命名),其影响遍及意大利、英国等地。但在天主教和神权渐趋衰落的时代,这意味着他在天主教之外的影响力大打折扣。二是语言和翻译的原因,罗斯米尼的著作直到晚近才被陆续译成英文出版,本书的英文版更是直到2006年才首次出版,这也在一定程度上影响了罗斯米尼思想的传播。

罗斯米尼是一位牧师,更是一位哲学家。其念兹在兹的一个重大问题是,将天主教与已经成为时代主旋律的个人自由和社会正义相调和,最为理想的情形是使天主教成为后两者的基石。在这一意义上,罗斯米尼的努力植根于一个悠远的学术(宗教)传统中,其所关注的世俗权力与教权的关系问题、国家与社会的关系问题、国家与宗教的关系问题,等等,都是历代神学家和宗教理论家所关注的焦点,其不同主要在于不同时代的现实需求各异。一方面,罗斯米尼坚定的天主教立场使他明显有别于同时代的大多数理论家,也使得天主教以外的读者对其作品的部分内容没什么耐心;另一方面,他所追求的社会正义理念及其对天主教相关教务活动的反思使其作品遭到教会的审查,直至他去世前不久,审查才宣告结束。

就在罗斯米尼出生那年,美国首任总统华盛顿卸任,约翰·亚当斯当选美国第二任总统,美国最高行政权力实现平稳交接并逐步固化为影响世界的任期制,民主思想和制度以更为现代的方式呈现。此前数百年间,欧洲大陆上皇权和教权之争频现,先是皇权借助主权在民的观念架空或限制教皇权力,之后进步思想家又用这一观念来对付皇权。如此回环反复,皇权和教权同时被削弱,而人民主权的观念则逐渐深入人心。另一方面,在罗斯米尼出生的一个世纪以前,英国思想家洛克已经从理论上阐明了私有财产神圣的原则,亚当·斯密等经济学家则进一步揭开了私有财产的神秘面纱,并使得追求私有财产和财富天经地义这一观念大行其道。罗斯米尼反复强调英国思想家和经济学家的影响,并在本书中直接引用了斯密的观点,这是本书最为重要的底色之一。在选举中如何实现民主,在立法时如何有效保护私有财产,这在罗斯米尼看来应该是一个问题的两个方面。他所提出的基于财产的选举权太过激进,这是本书遭遇教会审查的重要诱因。

将社会正义置于宪法和所有其他法律之上,从这一意义上讲,罗斯米尼无疑是一位自然法学家,但另一方面,他又是颇具现实感的自然法学家。罗斯米尼在作品中呈现了大量的计算,强调利益的驱动是最为可靠的动力。同时,他对正直的品性和道德也不怎么信任,尤其在选举立法院代表时更是如此。因为虽然立法院代表需要正直开明,但罗斯米尼却一再强调他们无法保证选出最为开明且正直的人。比起开明正直这样极其模糊的选择标准,他更愿意相信追求私利时的个人判断。

罗斯米尼出身贵族世家，其对有产者的“同情理解”洋溢在整部书中，但这并不妨碍他在本书中提出有价值的问题，即在涉及如何处置财产的立法中，无产者如何能够公正。然而，罗斯米尼没有明确提到但同样重要的问题是，如果依纳税多少（实际上也是财产数量）分配立法权，如何保证所赋予无产者的权利不是无法保证的施舍。当然，我们也绝对不能认为罗斯米尼是仅代表贵族和有产者利益的思想者，其天主教牧师身份和对彼岸世界的执着使得他的作品中表现出某种超然，在天主、天堂和圣灵面前，立法院、君主和法院都只是能使所有人更好存活的手段。这种超然的态度使得罗斯米尼的作品有很好的分寸感，并且其试图调和各方的做法和立场也变得容易理解了。

此外，罗斯米尼还在本书中对早期的空想社会主义和空想共产主义提出了评判。罗斯米尼生活的时代是处于法国大革命爆发后、马克思主义诞生前，本书中所谈及的社会主义和共产主义皆以法国大革命为理论依据，反映了作者对此方面的关注。同时，从一个侧面也反衬出在罗斯米尼之后所诞生的马克思主义的科学性。

对罗斯米尼作品的审查在其去世前一年宣告终结，他的作品被解禁。但在他去世后，真正的责难和声讨又铺天盖地而来，教皇利奥十三世甚至专门发布敕令，公开谴责从罗斯米尼作品中总结出的 40 个主张。然而在 21 世纪初，罗马教廷又公开澄清这些谴责已没有意义了。罗斯米尼遭遇审查和谴责，最为可能的原因是其理念超前，但这恰好也给了今天的我们阅读和思考其作品的理由。2007 年，教皇本尼迪克特十六世批准了罗斯米尼的宣福礼，这是他去世一个半世纪后的哀荣，也算是对罗斯米尼的一个最终交代。

# 附录二　罗斯米尼著述及相关研究文献目录

（一）意大利文著述

1. *Breve esposizione della filosofia di Melchiorre Gioja*, *Studi critici su Ugo Foscolo e Melchiorre Gioja*(《梅尔基奥雷·焦亚哲学简论:对乌戈·福斯科洛和梅尔基奥雷·焦亚的批判性研究》),A cura di Rinaldo Orecchia(雷纳尔多·奥雷基亚主编),Padova,Cedam-Casa editrice Dott.Antonio Milani,1976,87-191.



2. *Della naturale costituzione della società civile*, *Filosofia della politica*(《从自然宪法到市民社会:政治哲学》),Rovereto,Tip.Giorgio Grigoletti,1887.

3. *Filosofia del diritto*(《法哲学》),A cura di Rinaldo Orecchia(雷纳尔多·奥雷基亚主编),Vol.6,edizione nazionale delle opere edite ed inedite di Antonio Rosmini-Serbati,Padova,Edizioni Cedam,Casa Editrice Dott. Antonio Milani;Vol. Ⅰ,1967,XX-258;Vol. Ⅱ,1968,259-590;Vol. Ⅲ,1969,591-846;Vol. Ⅳ,1969,847-1195;Vol. Ⅴ,1969,1195-1438;Vol. Ⅵ,1969,1439-1676.

4. *Grande dizionario antologico del pensiero di Antonio*

*Rosmini*(《安东尼奥·罗斯米尼思想大辞典(选集)》),A cura di Cirillo Bergamaschi(奇里洛·贝尔加马斯基主编),Roma,Centro Internazionale di Studi Rosminiani,Città Nuova,Edizioni Rosminiani,2001.

5. *Introduzione alla Filosofia*, *Opere edite e inedite di*(*Antonio Rosmini-Serbati*《哲学简介:安东尼奥·罗斯米尼·塞尔巴蒂出版的以及未出版的作品》),Vol. Ⅱ,A cura di Ugo Redano(乌戈·雷达诺主编),Roma,Anonima Romana Editoriale,1934.

6. *La società ed il suo fine*, *Filosofia della Politica*(《社会及其末日:政治哲学》),A cura di Sergio Cotta(塞尔焦·科塔主编),Milano,Rusconi,1985,153-707.

7. *Opere inedite di politica*(《政治学未出版作品》),A cura del Prof. G. B. Nicola(G. B. 妮古拉主编),Milano,Stab. Tipo. Lit. G. Tenconi,1923.

8. *Principi della scienza morale*, *en Principi della scienza morale e Storia comparativa e critica dei sistemi intorno al principio della morale*(《伦理学原则:伦理学原则、比较历史学和伦理学原则体系批判》),A cura di Dante Morando(丹特·莫兰多主编),Opere edite e inedite, Vol. XXI, Milano, Fratelli Bocca, Editori,1941.

9. *Storia comparativa e critica dei sistemi intorno al principio della morale*, *en Principi della scienza morale e Storia comparativa e critica dei sistemi intorno al principio della morale*[《伦理学原则:伦理学原则、比较历史学和伦理学原则体系

批判》,第 21 卷(出版和未出版的作品)],A cura di Dante Morando(《丹特 · 莫兰多主编》),Opere edite e inedite,Vol. XXI ,Milano,Fratelli Bocca,Editori,1941.

10. *Saggio sul Comunismo e il Socialismo*, *Filosofia della Politica*, Vol. Ⅳ, *Opuscoli Politici*(《共产主义和社会主义论文集:政治哲学》,政治学杂文第 4 卷),A cura di Gianfreda Marconi(詹弗雷达 · 马可尼主编),en Opere edite e inedite di Antonio Rosmini,Edizione critica promossa da Michele Federico Sciacca,Roma, Centro Internazionale di Studi Rosminiani, Città Nuova Editrice,1978,81-121.

11. *Saggio sulla definizione della ricchezza*, *Filosofia della Politica*, Vol. Ⅳ, *Opuscoli Politici*(《财富定义论文集:政治哲学》,政治学杂文第 4 卷),A cura di Gianfreda Marconi(詹弗雷达 · 马可尼主编),en Opere edite e inedite di Antonio Rosmini, Edizione critica promossa da Michele Federico Sciacca,Roma,Centro Internazionale di Studi Rosminiani,Città Nuova Editrice,1978,12-45.

12. *Saggi di Scienza Politica*, *Scritti inediti*(《政治学论文集:未出版作品》),A cura di G. B. Nicola(G. B. 妮古拉主编),Torino-Milano,G.B.Paravia & C.,1933.

(二)英文著述

1. *A New Essay Concerning the Origin of Ideas*(《理论起源新论》),Rosmini House,2001.

2. *Principles of Ethics*(《伦理学原理》),Rosmini House,1988.

3. *Conscience*（《良知》），Rosmini House，1989.

4. *Anthropology as An Aid to Moral Science*（《作为伦理学辅助的人类学》），Rosmini House，1991.

5. *The Philosophy of Politics*（《政治哲学》两卷）：

Vol.1　*The Summary Cause for The Stability or Downfall of Human Societies*（《人类社会的稳定性和衰败的原因概要》），Rosmini House，1994.

Vol.2　*Society and Its Purpose*（《社会及其目的》），Rosmini House，1994.

6. *The Philosophy of Right*（《权利哲学》六卷）：

Vol.1　*The Essence of Right*（《权利的本质》），Rosmini House，1993 .

Vol.2　*Rights of The Individual*（《个人权利》），Rosmini House，1993.

Vol.3　*Universal Social Right*（《普世社会权利》），Rosmini House，1995.

Vol.4　*Rights in God's Church*（《上帝教会中的权利》），Rosmini House，1995.

Vol.5　*Rights in The Family*（《家庭中的权利》），Rosmini House，1995.

Vol.6　*Rights in Civil Society*（《公民社会中的权利》），Rosmini House，1996.

7. *Psychology*（《心理学》四卷）：

Vol.1　*Essence of The Human Soul*（《人类灵魂的本质》），

Rosmini House, 1999.

Vol.2 *Development of The Human Soul*（《人类灵魂的发展》），Rosmini House, 1999.

Vol.3 *Laws of Animality*（《动物性的法则》），Rosmini House, 1999.

Vol.4 *Opinions about The Human Soul*（《有关人类灵魂的诸意见》），Rosmini House, 1999.

8. *Introduction to Philosophy*（《哲学导论》），Rosmini House, 2004.

（三）相关研究文献

1. Luigi Bulferetti（路易吉·布尔费雷蒂），*Antonio Rosmini nella Restaurazione*（《复辟中的安东尼奥·罗斯米尼》），Felice Le Monnier, Firenze, 1942.

2. Giorgio Campanini（乔治·坎帕尼尼），*Antonio Rosmini e il problema dello Stato*, Morcelliana（《安东尼奥·罗斯米尼和政权问题》），Brescia, 1983.

3. Mario D'Addio（马里奥·达迪奥），*Libertà e appagamento: Politica e dinamica sociale in Rosmini*（《自由和满足：安东尼奥·罗斯米尼的政治和社会动力》），Edizioni Studium, Roma, 2000.

4. Antonio Giordano（安东尼奥·焦尔达诺），*Le polemiche giovanili di Antonio Rosmini*（《安东尼奥·罗斯米尼的早期争论》），Centro Internazionale di Studi Rosminiani, Stresa, 1976.

5. Umberto Muratore（翁贝托·穆拉托雷），*Antonio Rosmini: Vida y pensamiento*（《安东尼奥·罗斯米尼：生平和思

想》),BAC,2000.

6. Pier Paolo Ottonello(彼尔·保罗·奥托内洛),*L'attualità di Rosmini*(《罗斯米尼纪实》),Studio editoriale di cultura,Genova,1978.

7. Pietro Piovani(彼得罗·皮奥瓦尼),*La teodicea sociale di Rosmini*(《罗斯米尼的社会神义论》),Cedam,Padova,1957.

8. Michele Federico Sciacca(米凯莱·费德里科·夏卡),*Metafisica, gnoseologia y moral: Ensayo sobre el pensamiento de Antonio Rosmini*(《形而上学、认识论和伦理学:安东尼奥·罗斯米尼思想论文集》),Gredos,Madrid,1963.

9. Giole Solari(乔乐·索拉里),*Rosmini inedito: La formazione del pensiero politico*(《罗斯米尼未出版的作品:政治思想之形成》),Centro Internazionale di Studi Rosminiani,Stresa,2000.

10. Francesco Traniello(弗兰切斯科·特拉涅洛),*Società religiosa e società civile in Rosmini*(《罗斯米尼的宗教社会和市民社会》),Morcelliana,Brescia,1997.

11. Danilo Zolo(达尼洛·佐洛),*Il personalismo rosminiano*(《罗斯米尼的人格主义》),Morcelliana,Brescia,1963.

# 译后记



对于法国大革命,有人看到了进步和巨变,专注于其权利话语和对个人自由的宣扬;有人则念念不忘与其相伴而来的血腥暴力和社会动荡,安东尼奥·罗斯米尼无疑更多地属于后者。但这其实只是他的逻辑起点。以法国大革命,尤其是作为大革命结果的宪法为背景,罗斯米尼开始了一项彻底清算法国宪法及其追随者并为尚未统一的意大利找寻一部杰出宪法的浩大工程。虽然立意高远,但罗斯米尼却只从细微处着手。这本小册子其实就是一部罗氏心目中正义的宪法。与一般宪法不同的是,罗氏对该宪法的所有条款都进行了条分缕析式的论证和说明。

从罗斯米尼对其宪政工程各条款分析的篇幅就能轻易看出他最为关心的问题其实只有两个:一是怎样保护财产;二是如何平衡权力(权利)。做到了这两点,这个宪法就是正义的。罗斯米尼对普选制的批判有助于我们进一步认识并反思投票的依据;他对"权利""人民""正义"等概念都有其独到的见解和认识,而他对平衡权力(权利)的相关论述在今天看来也还有其现实意义。

对我而言,翻译是一种学习和研究方式,为此,应该特别感谢吴彦博士的帮助和督促,感谢师兄朱振博士的推荐,也要感谢华东政法大学张长绵老师在意大利语方面提供的帮助。当然,文责自负。同时,真诚邀请同道中人批评指正。

**图书在版编目(CIP)数据**

社会正义下的宪法/(意)安东尼奥·罗斯米尼著;韦洪发译.—北京:商务印书馆,2024
(汉译世界学术名著丛书:120年纪念版:珍藏本:增订本)
ISBN 978-7-100-23761-1

Ⅰ.①社… Ⅱ.①安…②韦… Ⅲ.①宪法—研究
Ⅳ.①D911.04

中国国家版本馆 CIP 数据核字(2024)第 077948 号



汉译世界学术名著丛书
(120 年纪念版·珍藏本·增订本)
**社会正义下的宪法**
〔意〕安东尼奥·罗斯米尼 著
韦洪发 译

商 务 印 书 馆 出 版
(北京王府井大街 36 号 邮政编码 100710)
商 务 印 书 馆 发 行
北京市十月印刷有限公司印刷
ISBN 978-7-100-23761-1

2024 年 5 月第 1 版 开本 710×1000 1/16
2024 年 5 月北京第 1 次印刷 印张 14½
定价:78.00 元